Premiere_1
ENRIQUE MARTY

Texte von / Texts by
Rafael Doctor Roncero, Doede Hardeman, Stefanie Müller, Philippe Van Cauteren
und / and Thomas Wagner

Herausgegeben von / Edited by
Ulrike Lorenz / Kunsthalle Mannheim

KERBER ART

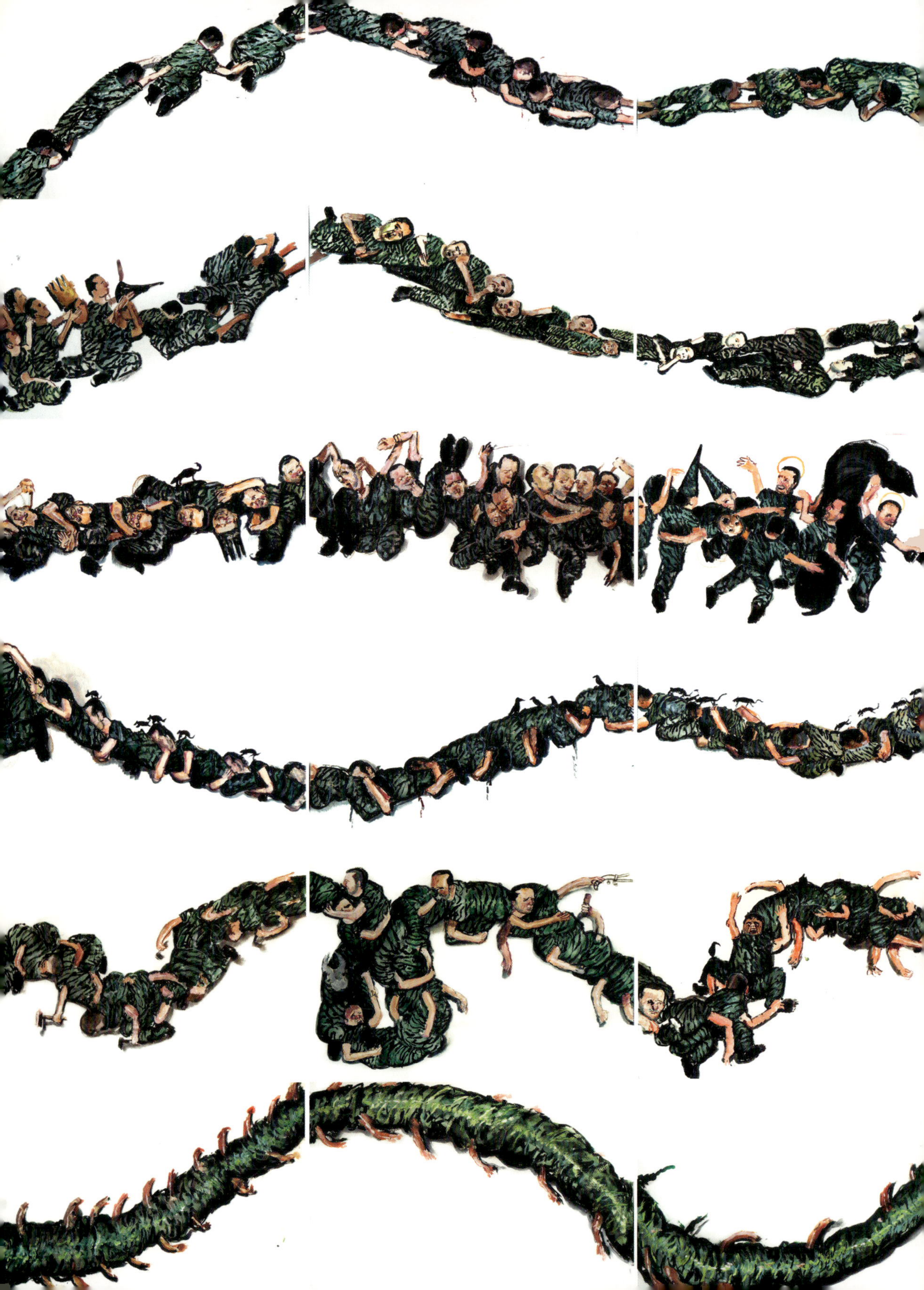

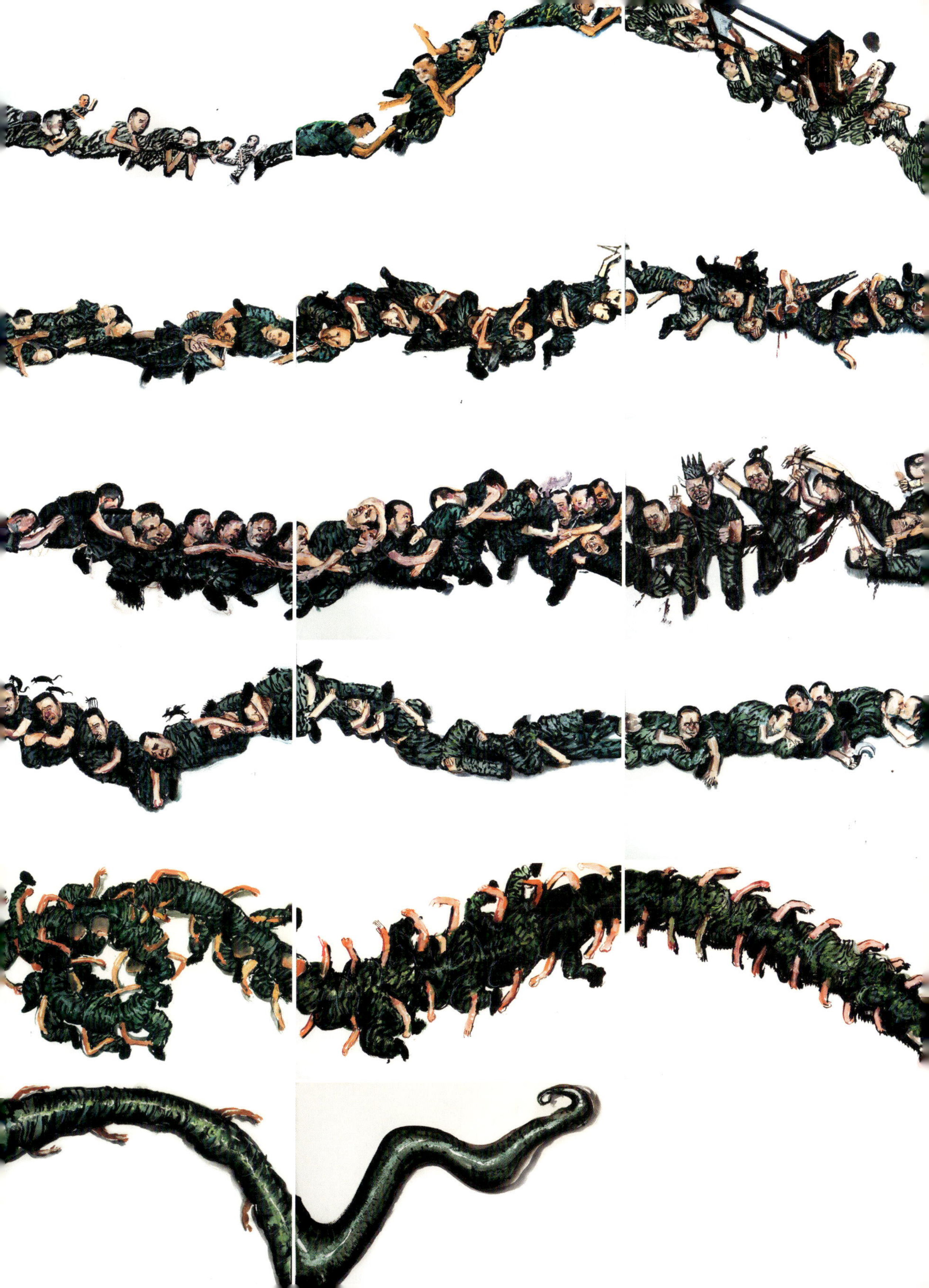

INHALT / CONTENTS

VORSPIEL FÜR PREMIERE_1: ENRIQUE MARTY

„Premiere" heißt das neue Ausstellungsformat in der Kunsthalle Mannheim. „Premiere" bedeutet: Erstmals „Vorhang auf!" für einen bislang in Deutschland noch nirgends präsentierten jüngeren Künstler der internationalen Szene. Künftig wird die Kunsthalle einmal im Jahr zur Bühne für ein noch unbekanntes Werk, das wir unserem Publikum vorstellen möchten, weil es uns essenziell, originär und brisant erscheint im Fluss der zeitgenössischen Kunstentwicklung. Das kann Skulptur und Installation sein, Malerei, Video, Zeichnung oder Multimedia. Wichtig ist die Außergewöhnlichkeit eines Werks, dessen Geheimnis in einem transparenten, also sinnfälligen und daher schlüssigen Verhältnis von Idee und Aufwand liegt. Bei der Auswahl unserer „Premiere" – Künstlerinnen und – Künstler suchen wir konsequent nach drei erkenn- und benennbaren Qualitätsmerkmalen: **Originalität** (originäres Wahrnehmen, Denken und Gestalten im Kontext der Gegenwart, innovative Ansätze im Verknüpfen von Bekanntem und Unbekanntem), **Intensität** (die Fähigkeit zur beispielhaften Verdichtung einer Aussage, eines Ausdrucks, einer Idee, einer Form im Hinblick auf die kollektive Biografie der Gesellschaft) und **Kontinuität** (eine Arbeits- und Werkhaltung, die selbstbestimmte Durchsetzungskraft im öffentlichen Konsens oder gesellschaftlichen Widerspruch zeigt).

Den Erstauftritt im doppelten Sinn – Premiere für „Premiere" – bestreitet der spanische Künstler Enrique Marty (*1969) mit seinem brandaktuellen und hochexpressiven work-in-progress mit dem Titel *Fanatics* (2010). Die Gruppe von 80 monströs lebensechten, doch leicht unterlebensgroßen Skulpturen, umgeben von einer raumgreifenden Wandmalerei, wird dem Betrachter – inmitten einer frustrierenden Integrationsdebatte in Deutschland – so unabweislich intensiv auf den Leib rücken, dass er sich einer persönlichen Stellungnahme zur Gegenwart in Politik oder Kunst, im Alltag wie im Museum kaum wird entziehen können. Das Werk wirkt als Appell, als Zumutung, als Anstoß. So zeigt ein zeitgenössischer Künstler in der Auseinandersetzung mit seiner Herkunft aus der Ikonografie-Tradition Spaniens nicht nur engagierten Ausdruckswillen, sondern auch eine global wirksame Aussagekraft.

Ich danke Enrique Marty herzlich für das enorme Engagement bei der persönlichen Inszenierung seiner Premiere in der Kunsthalle Mannheim. Stefanie Müller, Kuratorin von „Premiere", sei Dank gesagt für ihr Konzept und ihre intensive Zusammenarbeit mit dem Künstler, für die Realisierung des Katalogs und für die Ausstellungsorganisation, die von der DEWEER gallery in Otegem, Belgien, unterstützt wurde. Den Katalogautoren Rafael Doctor Roncero, Fundación Santander 2016, Doede Hardeman, Kurator Gemeentemuseum Den Haag, Philippe Van Cauteren, Direktor SMAK in Gent, und Thomas Wagner ist für ihre Textbeiträge ebenso zu danken wie Dries Verstraete für die leidenschaftliche Kataloggestaltung. „Premiere" wäre nicht realisierbar gewesen ohne die finanzielle Unterstützung der Wilhelm Müller-Stiftung und der Heinrich-Vetter-Stiftung. Ich danke beiden Stiftungen und ihren Vorständen, Herrn Helmut E. Schmitt und Herrn Professor Carl-Heinrich Esser, sehr herzlich für ihr Vertrauen in unser neues Ausstellungsformat.

Ulrike Lorenz

Dr. Ulrike Lorenz (geboren 1963) studierte Kunstgeschichte und Archäologie in Leipzig. Sie war Direktorin der Kunstsammlung Gera, des Otto-Dix-Hauses sowie des Stadtmuseums in Gera ehe sie das Kunstforum Ostdeutsche Galerie in Regensburg übernahm. Seit 2009 ist sie Direktorin der Kunsthalle Mannheim.

PRELUDE TO PREMIERE_1:
ENRIQUE MARTY

"Premiere" is the name of the new exhibition format at the Kunsthalle Mannheim. "Premiere" means the very first "curtains up!" for a young international artist who has not previously been shown anywhere in Germany. From now on, once a year the Kunsthalle will become the stage for as yet unknown works that we would like to present to our audience because we think they are essential, original, and highly significant for the development of contemporary art. They can be sculptures or installations, paintings, videos, drawings, or multimedia pieces. What is important is the extraordinary character of the works, the secret of which lies in a transparent, i.e. obvious and therefore coherent relationship between idea and outlay. In selecting our "Premiere" artists, we consistently seek three recognizable and nameable qualities: **originality** (original perception, thought and creativity in the context of the present and innovative approaches to combining the familiar and unfamiliar), **intensity** (an exemplary ability to condense a statement, expression, idea or form with regard to the collective biography of a society), and **continuity** (an attitude towards work and art revealing self-determined assertiveness in public consensus or social dissent).

The Spanish artist Enrique Marty (*1969) makes his first appearance in its dual sense – the Premiere of "Premiere", so to speak – with a highly topical and expressive work-in-progress entitled *Fanatics* (2010). The group of 80 monstrously true-to-life, yet slightly smaller than life-sized sculptures, surrounded by a large wall painting, approach the viewer so irrefutably and intensively – amidst a frustrating integration debate in Germany – that he or she can hardly avoid a personal response to current issues of politics or art, both in everyday life and in the museum. The work is an appeal, an imposition and a stimulus. This is how a contemporary artist, in dealing with his background in the Spanish iconographical tradition, shows not only a commitment to express himself but also a globally effective way of doing so.

I would like to cordially thank Enrique Marty for his enormous commitment to personally staging his premiere at Kunsthalle Mannheim. Many thanks to Stefanie Müller, the curator of "Premiere", for her concept and intensive collaboration with the artist, for the production of the catalogue and for organizing the exhibition, which was kindly supported by the DEWEER gallery in Otegem, Belgium. I would also like to extend my thanks to the authors of the catalogue, Rafael Doctor Roncero, Fundación Santander 2016, Doede Hardeman, Curator Gemeentemuseum The Hague, Philippe Van Cauteren, Director SMAK in Ghent, and Thomas Wagner, as well as to Dries Verstraete for his enthusiastic catalogue design. "Premiere" would not have been possible without the financial support of the Wilhelm Müller and Heinrich Vetter Foundations. I am very grateful to both foundations and their chairmen, Helmut E. Schmitt and Professor Carl-Heinrich Esser, for the trust they have placed in our new exhibition format.

Ulrike Lorenz

Dr. Ulrike Lorenz (born 1963) studied Art History and Archeology in Leipzig. She was director of the Gera Art Collection, the Otto-Dix-Haus and the Gera City Museum before she took over the Kunstforum Ostdeutsche Galerie in Regensburg. Since 2009 she has been the director of the Kunsthalle Mannheim.

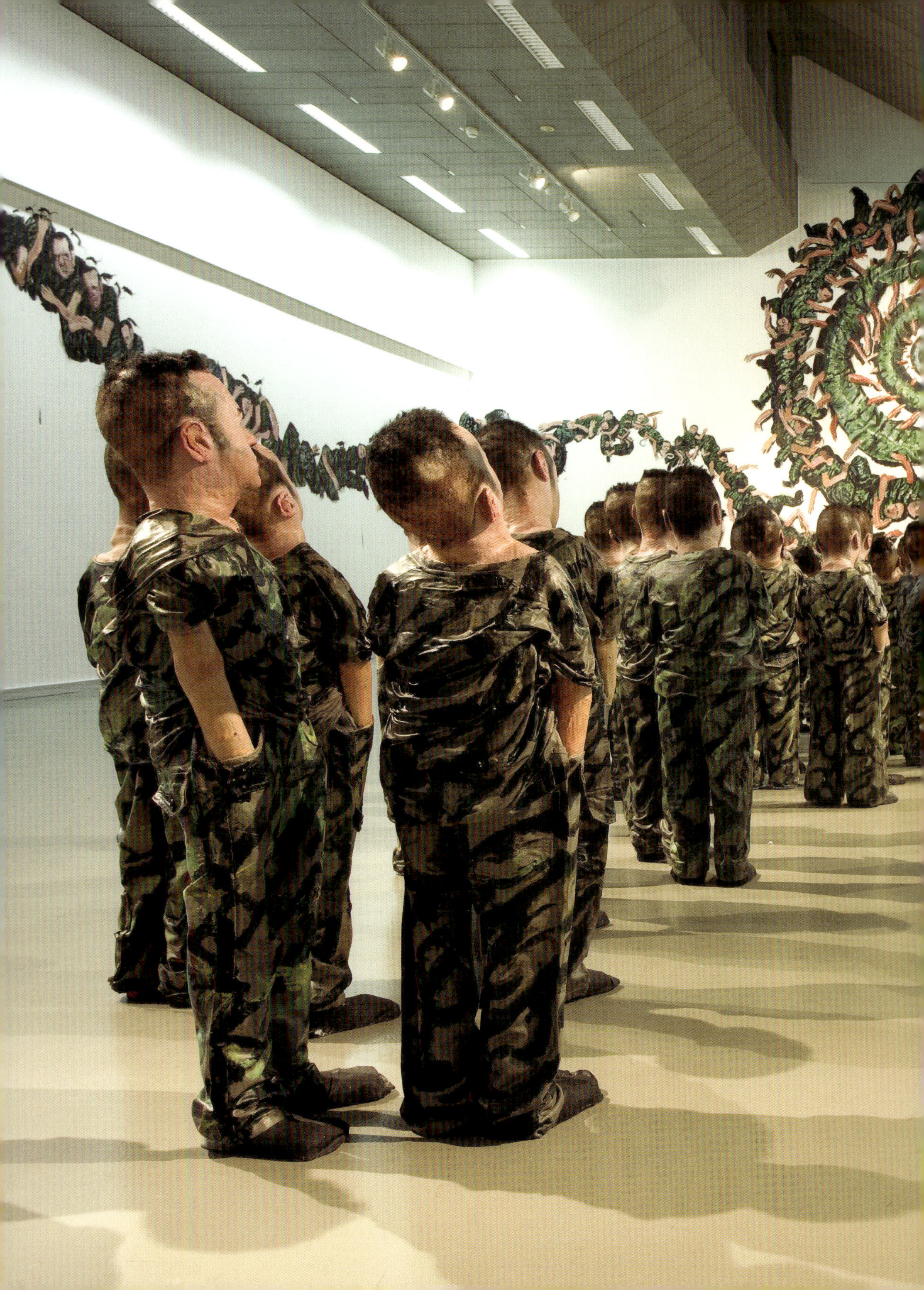

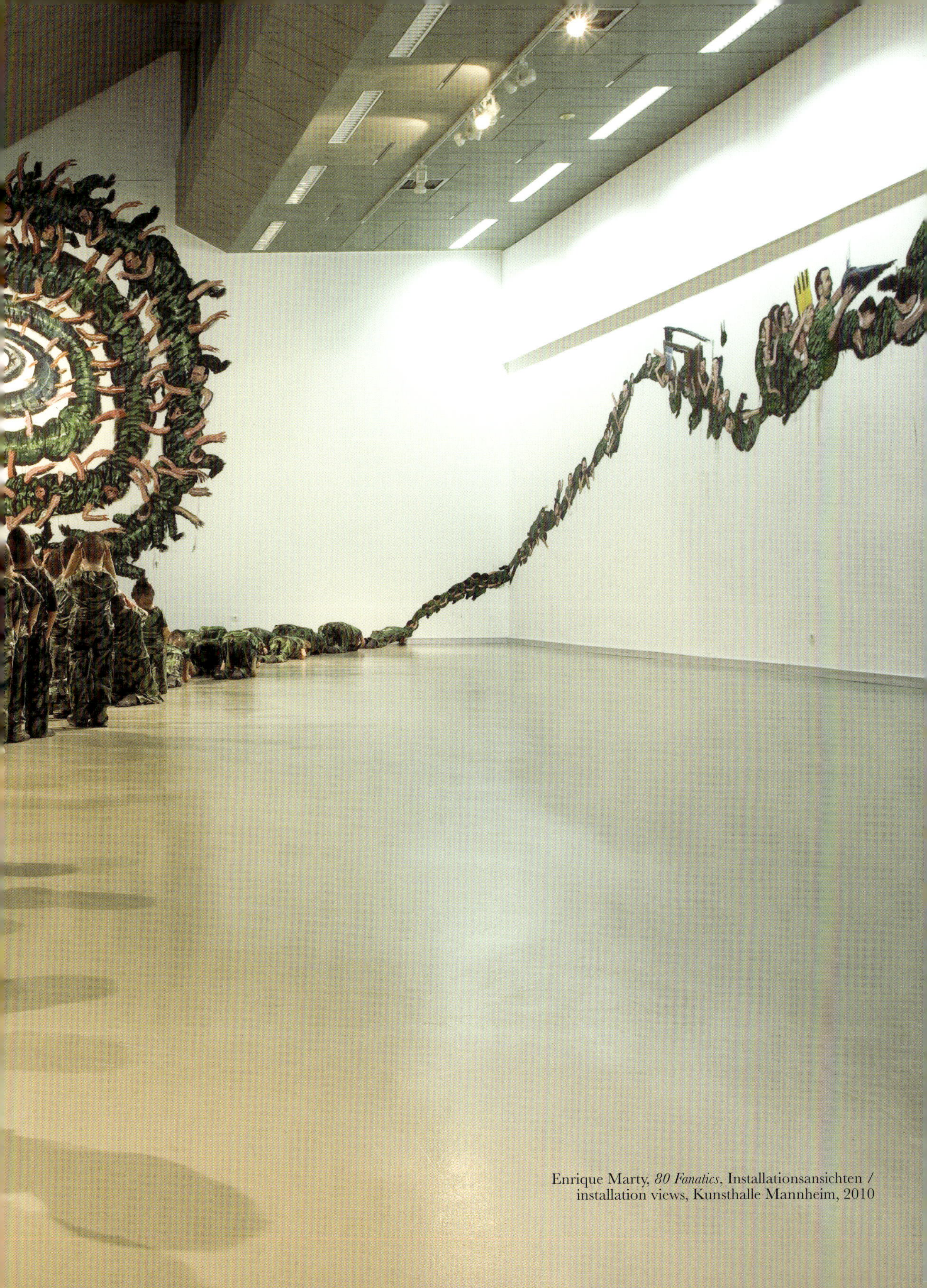

Enrique Marty, *80 Fanatics*, Installationsansichten /
installation views, Kunsthalle Mannheim, 2010

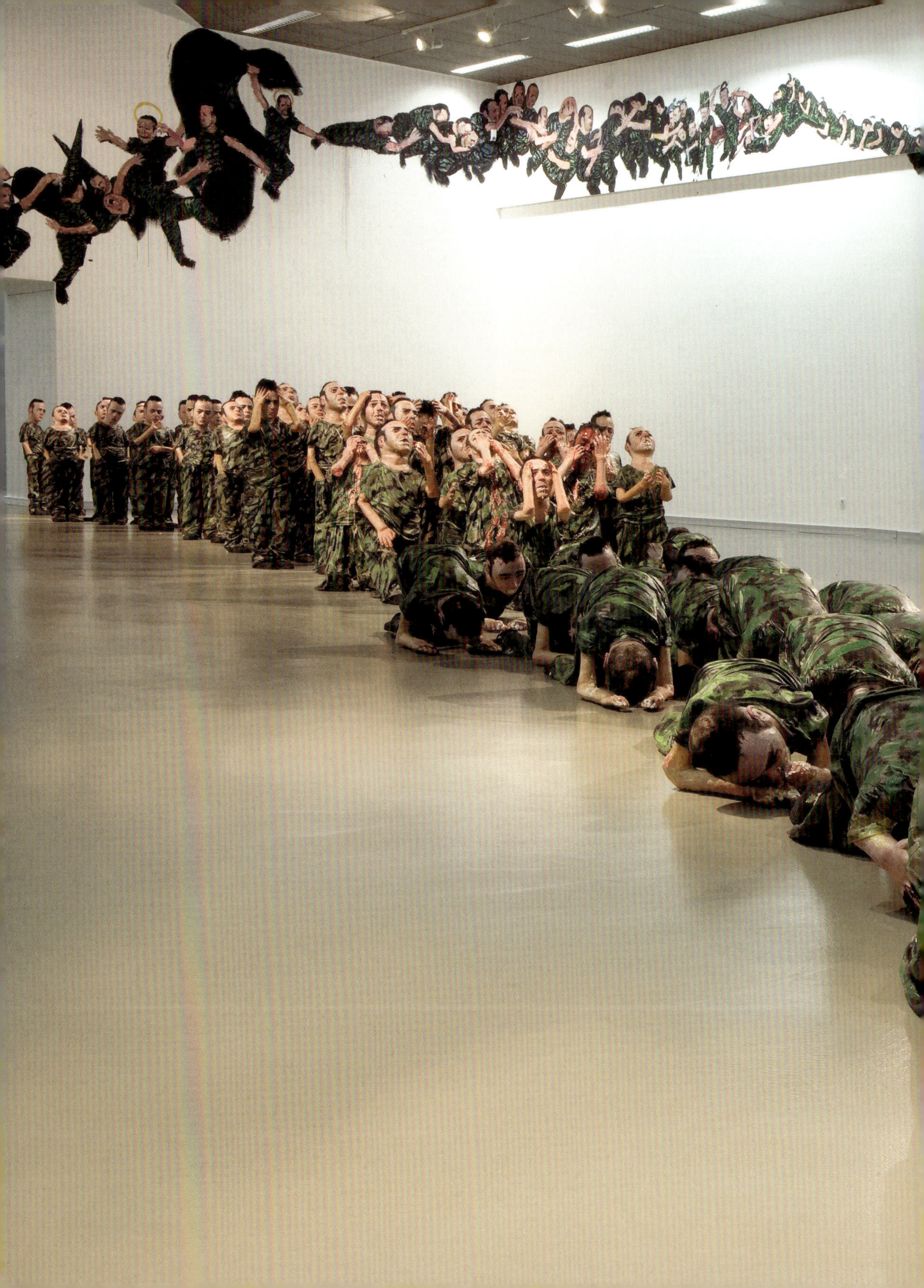

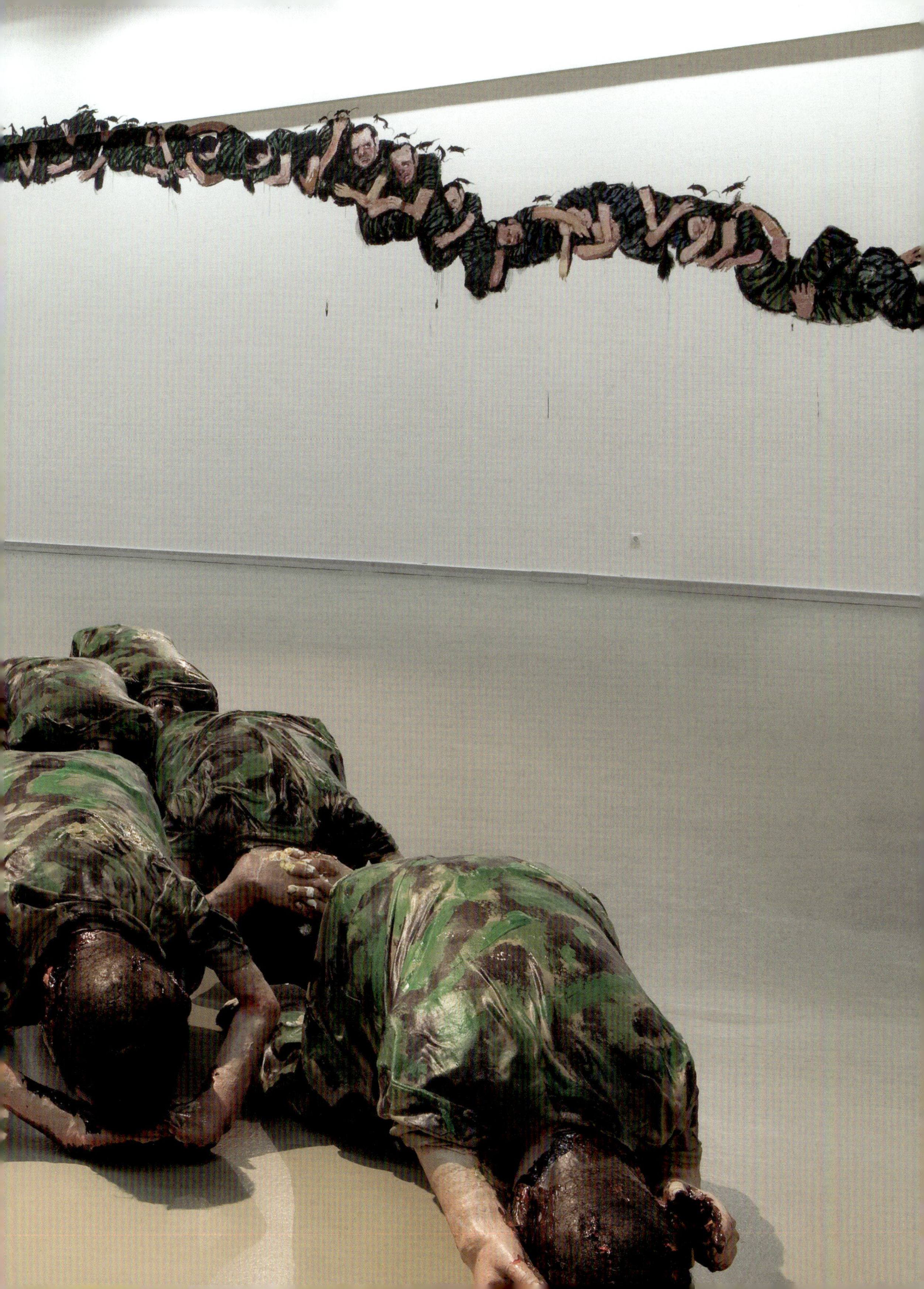

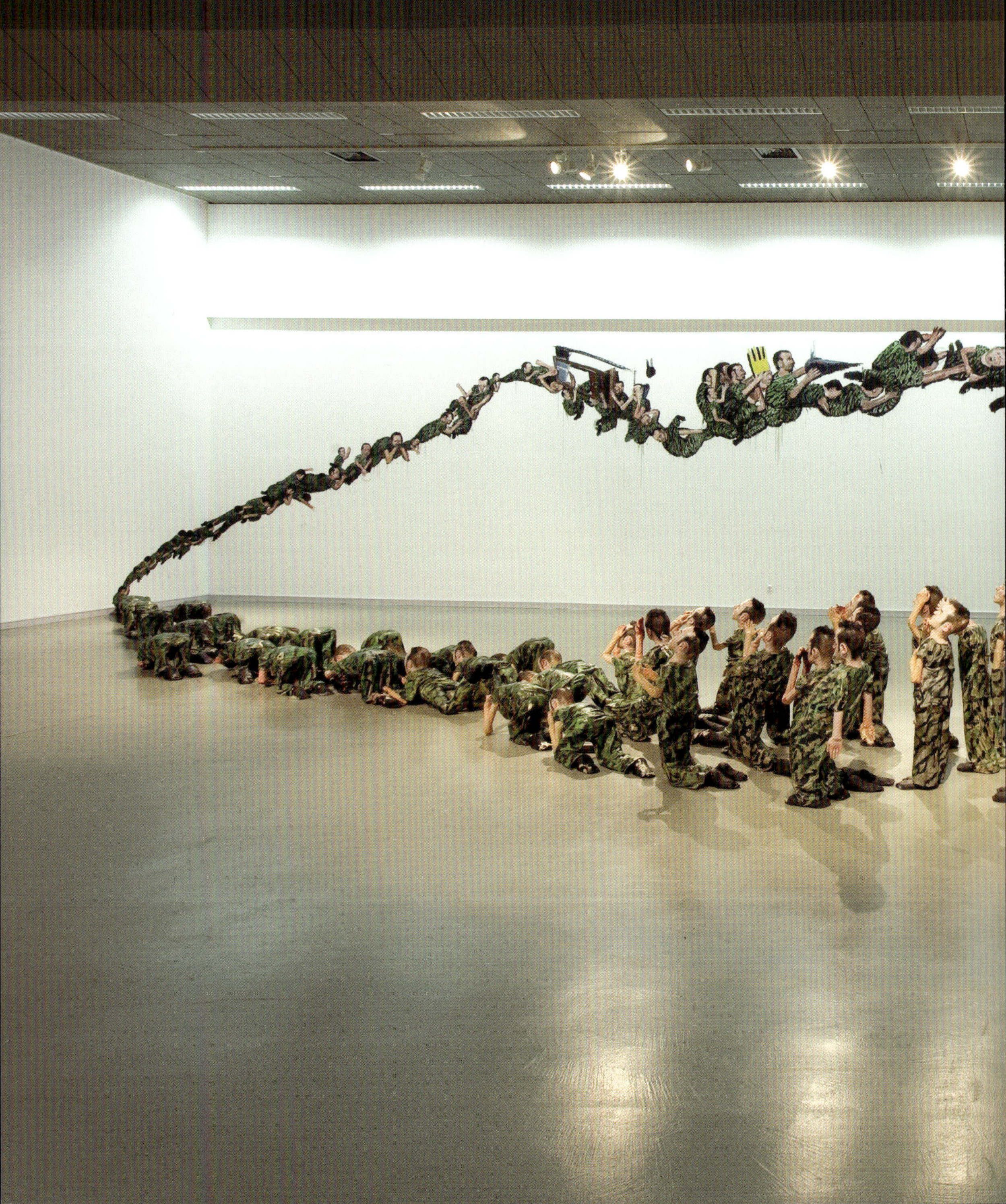

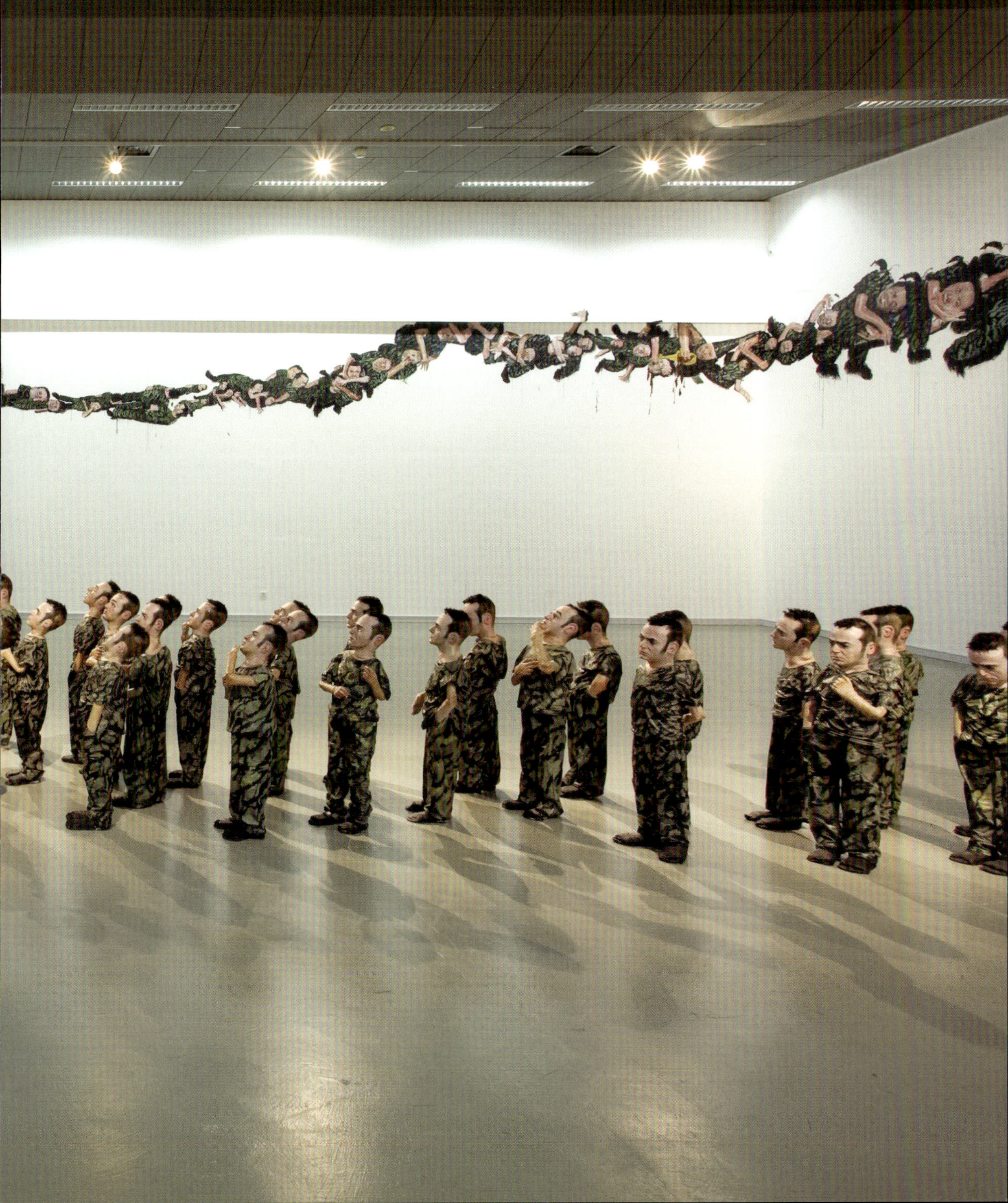

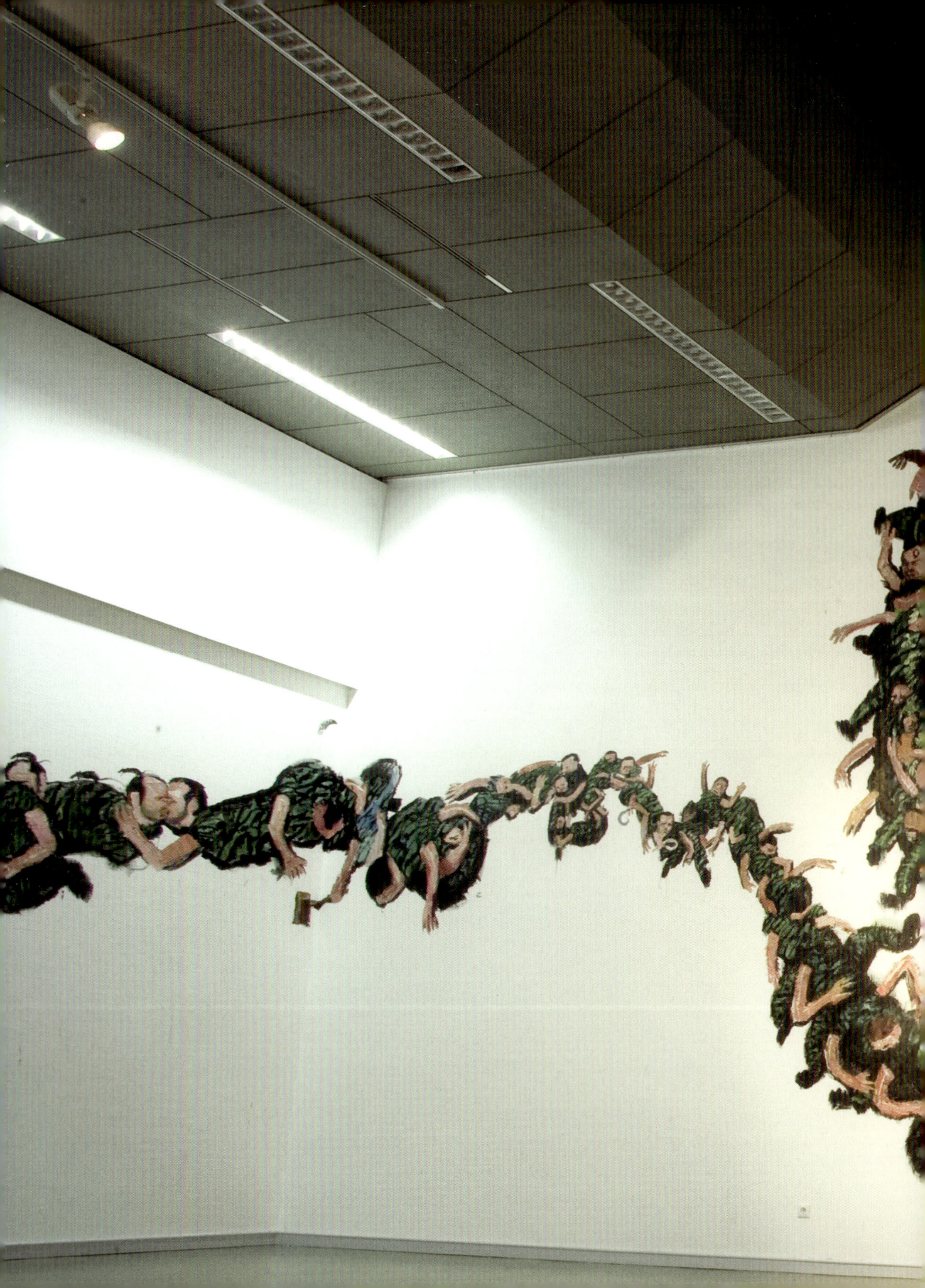

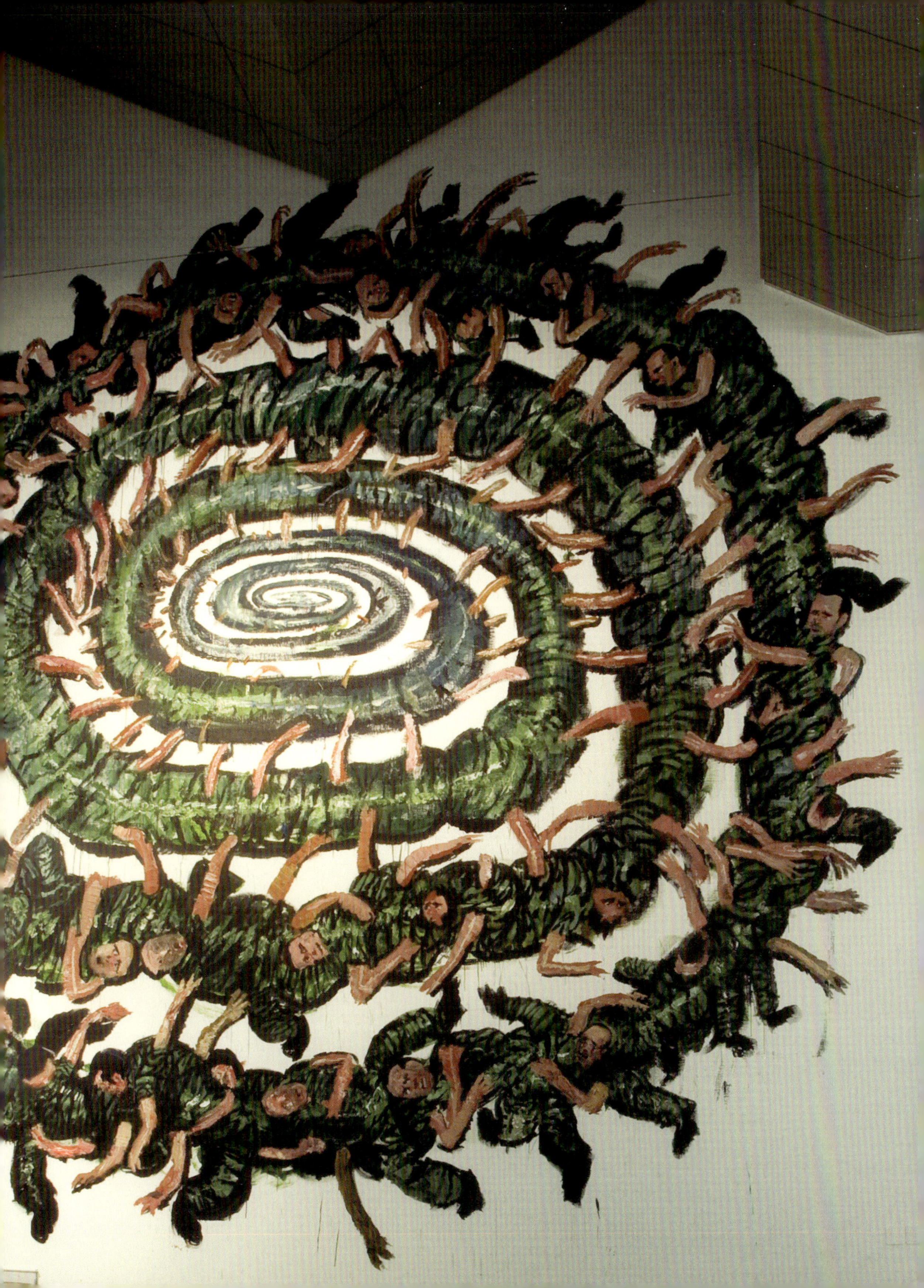

… JEDER HAT EINE LEICHE IM KELLER:
GESPRÄCH MIT ENRIQUE MARTY

Das Interview mit Enrique Marty wurde am 13. August 2010 in Salamanca geführt – in seinem Atelier, in seiner Wohnung, in einem Café auf der Plaza Major, in Restaurants, im Kloster San Esteban, auf einer Führung durch die Altstadt und in den Gassen abseits der durch Salamanca ziehenden Touristenströme. Der vorliegende Text ist ein Ausschnitt unserer während dieser 13-stündigen Tour durch die Stadt geführten Gespräche, die einen sehr viel intensiveren Austausch über Fragen nach Martys künstlerischem Konzept, seiner Arbeitspraxis und der für die Kunsthalle Mannheim entwickelten Ausstellungsidee ergaben als ursprünglich erwartet.

Enrique, taucht man in dein labyrinthisches, vielfach miteinander vernetztes und multimediales Werk ein, kann man sich als Betrachter der visuellen Intensität deiner Arbeiten kaum entziehen. Ganz gleich, ob ich deiner Malerei oder deinen Videoanimationen, den bemalten Skulpturen oder ganzen Rauminstallationen begegnet bin – immer haben sich mir extrem anziehende und zugleich befremdliche Bilder ins Gedächtnis eingebrannt. Deine direkte Bildsprache, der übersteigerte Realismus und die durchdringende Ikonografie, gepaart mit theatralischen Szenarien, kreisen ausnahmslos um die Kreatur Mensch. Welche kommunikative Funktion hat Kunst für dich? Geht es dir wie George Grosz, der seinen Zeitgenossen „den Spiegel vor die Fratze" halten wollte, um „diese Welt davon zu überzeugen, dass sie hässlich, krank und verlogen ist"?

Ich arbeite, weil ich das Bedürfnis habe zu kommunizieren und weil das meine Art ist, mit der Welt umzugehen. Es geht mir darum, eine Konfrontation mit dem Publikum und der Öffentlichkeit zu erreichen. Ich fühle mich eher der Traditionslinie einer Kunst als Magie verpflichtet – statt einer Kunst, die

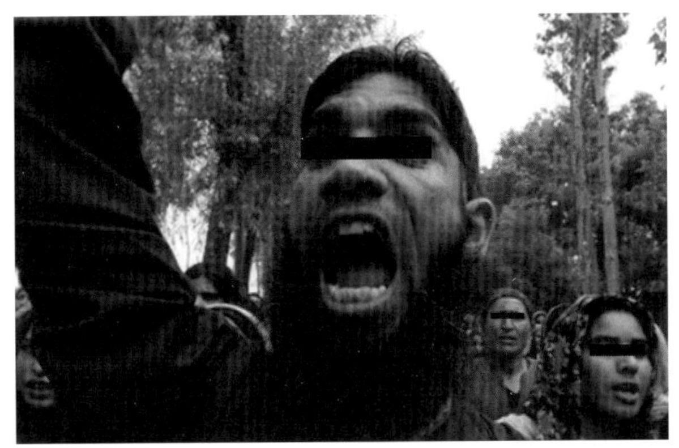

gesellschaftlichen Einfluss nimmt. Ich möchte
über das Soziale reden, aber ich möchte kein
sozialkritischer Maler sein. Ich habe viele
Künstler erlebt, die gegen das System gearbeitet
haben und einfach von ihm aufgesaugt wurden.
Heute verkaufen sie ihre Werke an Ölfirmen.
Mir geht es darum, subtiler vorzugehen und
Symbole auf verschiedenen Ebenen
einzusetzen. Ich möchte etwas zeigen, das
Aufmerksamkeit erregt, denn ich glaube
wirklich nicht, dass Kunst so kryptisch sein
sollte, dass etwas verschwindet. Wie im Theater
braucht man eine gewisse Dramaturgie, denn
Kunst sollte nicht langweilen, sie sollte auch für
normale Menschen da sein, für Menschen, die
eher nichts mit Kunst zu tun haben. Sie sollen
sich angezogen fühlen. Sonst ist es wie
Selbstbefriedigung, man redet über Kunst mit
Menschen, die sich auf Kunst spezialisiert
haben, und Menschen, die sich auf Kunst
spezialisiert haben, reden wiederum mit
anderen auf Kunst spezialisierten Menschen
über das Werk. Das ist mir alles zu eng. Man
muss mit verschiedenen Ebenen arbeiten, erst
die eine Ebene, dann noch eine und noch eine.
Als Modell hierfür schweben mir die *Simpsons*
vor, an denen sowohl Kinder wie Erwachsene
Vergnügen finden, weil sie tiefgründig sind. Sie
kritisieren die Gesellschaft; manchmal sind sie
sehr grausam und gleichzeitig trotzdem politisch
eher links. Und doch mögen sie alle.

Speziell mit den *Fanatics* wollte ich etwas
machen, das mit dem weltweiten
Zusammenbruch der Wirtschaft
zusammenhing. Die Wirtschaftkrise fing vor
ein paar Jahren an, und ich beschloss, mich
damit auseinanderzusetzen – als Reaktion
auf das, was ich über die Menschen dachte,
die auf einen Krieg hinarbeiteten. An
Fanatics habe ich insgesamt vielleicht zwei
Jahre gearbeitet, wobei ich gleichzeitig
an anderen Dingen gearbeitet und viel
Hintergrundmaterial gesammelt habe.
In den letzten Jahren hat mich das
Phänomen der Menschenmenge – wie
Menschen dazu neigen, eine Masse zu
bilden – immer wieder in Erstaunen versetzt
und ich habe mich sehr damit beschäftigt.
Gleichzeitig bin ich total besessen von
dem Phänomen, dass Menschen sich in
Schlangen hintereinanderstellen. Es ist
unglaublich, wie sie einander magnetisch
anziehen, sich zusammenschließen und eine
Masse bilden. Carl Gustav Jung sagte, dass
es ein kollektives Unbewusstes gibt, dass die
Intelligenz und die Fähigkeit der Menge
weitaus geringer ist als die des Einzelnen –
ganz so als sei die Intelligenz zwischen den
einzelnen Menschen einer Menge aufgeteilt.
Wie Buñuel sagte: „Ich bin ein fanatischer
Antifanatiker." Und ich stimme mit ihm
ganz und gar überein. Der Fanatismus ist
für die Gesellschaft und für den Menschen
sehr destruktiv, für das Individuum, für alle.
Eine Menge kann sehr leicht kontrolliert
werden, denn die Masse ist kontrollierbarer

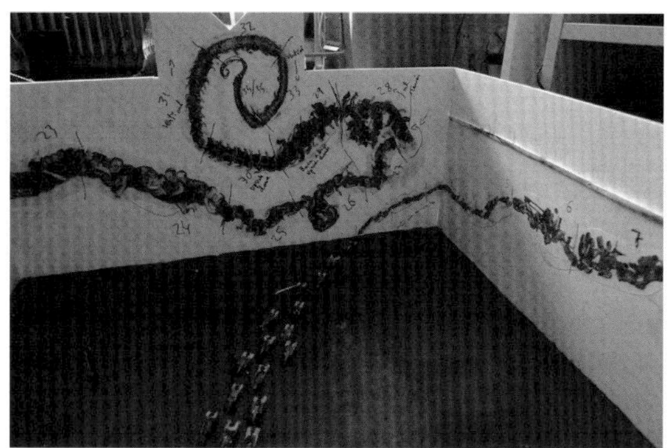

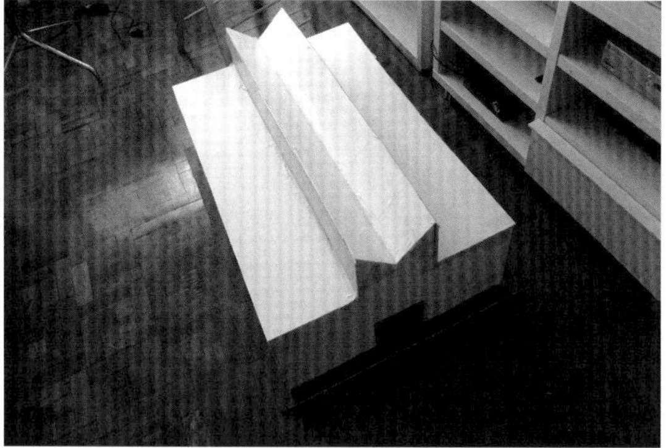

als der Einzelne. Aus diesem Grund gibt es Religion, Politik und Sport – um den Einzelnen leichter zu kontrollieren.

Durch den Werktitel wird die Gruppe zusätzlich mit Bedeutung aufgeladen: Von welcher Ideologie, von welcher radikalen Vorstellung oder leidenschaftlichen Überzeugung sind diese „Fanatiker" besessen? Wird diese Massenbewegung durch politische, soziologische, weltanschauliche oder religiöse Verblendung evoziert? Fest steht, dass sie alle von einer unbändigen emotionalen Kraft getrieben werden…

Ich habe versucht, eine Figur zu entwickeln als Symbol der Gleichförmigkeit, der Menge, der Schlange, die nach vorne gerichtet etwas verehrt, einem Nichts entgegen – das ist mehrdeutig. Ich kann dir Millionen Bilder dieses Phänomens der Menschenmenge zeigen. *(Er zeigt mir zahlreiche Fotos und Dokumentationen auf seinem PC …)* Ich habe viele ziemlich lächerliche Dokumente gesammelt: Menschen, die einen

Popstar am Flughafen begrüßen … Kinder in religiöser Trance, was wie die Hölle erscheint, mit einem Jungen, der sich mit einem Messer auf den Kopf haut, Menschen bei religiöser Selbstbestrafung, die sich wirklich verletzen, wo echtes Blut fließt … trainierende Marines in Nordamerika … Feste von spanischen Legionären … Paraden chinesischer Soldaten – Tausende von Jungen und Mädchen. Ich habe auch viele kommunistische Propagandafotos und Bilder von Pilgerreisen zusammengetragen, die sich alle gleichen: Hunderte Männer in einer Reihe, die alle denselben Punkt anstarren, sich alle auf ähnliche Weise in der Menge bewegen. In Fátima oder Lourdes gehen sie auf Knien und am Ende sind die Knie furchtbar geschunden; auf den Philippinen kreuzigen sie heute noch Menschen! Das ist alles real. Sie alle beten etwas an – aber was? Sie sind hypnotisiert, weil sie in der Menge sind, und sie folgen einfach der Gruppe. Es ist genau so, wie Fan eines Fußballclubs zu sein. Du bist Teil einer Gruppe, die Gruppe schützt dich. Als Einzelner muss man seine eigenen Entscheidungen treffen und die Verantwortung für sie übernehmen. Als Teil einer Menge bist du nicht verantwortlich. Ich wollte ein Bild eines archetypischen Fanatismus entwickeln und habe religiöse, militärische und sogar sportliche Referenzen kombiniert und schließlich Camouflageuniformen ausgesucht.

Es fällt auf, dass deine Skulpturen alle unterlebensgroß sind und dieselbe Physiognomie besitzen. Sie verschmelzen zu einer blinden Herde, zeigen jedoch alle einen individuellen Gesichtsausdruck und unterscheiden sich in ihrer Gestik: Sie stehen, knien, kriechen und agieren in verschiedenen physischen und psychischen Zuständen. Ein ganzes Typen-Kaleidoskop von Fratzen, in denen sich Erstaunen und Angst, Verzweiflung und Leiden ebenso wie Begeisterung und Euphorie spiegeln.

Ja, in den ersten Reihen sind die Figuren fanatischer, sie übergeben sich, als seien sie vom Teufel besessen, denn sie sind näher an dem, was sie verehren und was sie fanatisch macht – etwas, das tatsächlich ein Nichts ist. Andere wirken nur ein wenig aufgeregt,

wieder andere sind vollkommen verzweifelt, die
Nachfolgenden dann weniger. In den hinteren
Reihen sind sie total gelangweilt und apathisch.
Einige schauen verblüfft und möchten Teil des
Spektakels sein. Die anderen sind ihnen egal,
aber sie stehen schon in der Schlange – wie
die Figur mit den Händen in den Taschen,
die völlig desinteressiert ist. Aber wenn sie
einige Schritte weiter gehen, werden sie wie die
anderen sein: verletzt, blutend, kotzend.

*Was verbirgt sich hinter der übersteigerten bildnerischen
Fixierung von menschlichen Emotionen und
Ausdrucksgebärden?*

Wie ich schon sagte, hat es damit zu tun,
dass ich mich mit der Welt befasse, die mich
umgibt, und gleichzeitig eine neue erschaffe.
Ich brauche daher die Dramaturgie und
benutze aus diesem Grund einen anderen
Maßstab, eine andere Größe. Würde ich den
gleichen Maßstab verwenden, sähe es wie eine
Reproduktion aus. Aber ich erschaffe eine
neue, andere Welt, die auf der realen basiert.
Ich beobachte gerne Menschen, analysiere sie
jedoch nicht – ich glaube, dass die Gesichter
und Gesten viel über die Menschen aussagen,
über das, was sie denken und tun – man muss
nur genau hinschauen. Das ist es, was ich
in meinen Skulpturen und auch in meinen
Gemälden und Zeichnungen zeigen möchte.
Es gibt einen Unterschied zwischen meinen
Einzelfiguren und dieser Gruppe der *Fanatics*.
Im Ausdruck einer einzelnen Figur möchte ich
dem Betrachter eine Art innerer Einsamkeit
oder sogar Angst zeigen. Diese Skulpturen
fürchten sich alle ein wenig vor dem Betrachter,
denn er oder sie dringt in ihre Umgebung ein.
Die Gruppe der *Fanatics* ist selbstbewusster.
Sie ignorieren dich als Betrachter, da sie
vollkommen besessen sind von der Verehrung
von irgendetwas.

*Ich habe viel über die Tatsache nachgedacht, dass du
dich selbst als „Fanatiker" multipliziert dargestellt
hast. Warum hast du Dich zum Anführer dieser Klone
gemacht?*

Mein Gesicht habe ich aus verschiedenen
Gründen verwendet. Zunächst – und das
klingt vielleicht verrückt –, weil es das
anonymste Gesicht ist, das ich finden konnte,
und weil ich mit ihm am wenigsten verbinde.
Auch benutze ich in diesem Fall keine
anderen Personen als Modell, weil sie sich
darüber beschweren könnten, dass ich sie
fanatisch nenne (... *lacht*).
Mein Gesicht kann ich auch deshalb viel
einfacher benutzen, weil ich mich auf
verschiedene Arten als Fanatiker fühle. Ich
wollte auch die Tatsache herausarbeiten,
dass jedes einzelne Gesicht einem
bestimmten Zustand meines manchmal
fanatischen, manchmal glücklichen,
manchmal unglücklichen Gemüts entspricht.

Warum hast du die Fanatics *in identische
Soldatenuniformen gesteckt? Der einheitliche
Militärlook lässt die Figuren nicht nur zu einer
kollektiven Masse verschmelzen, sondern intensiviert
auch den latent bedrohlichen und aggressiven
Charakter der Gesamtinstallation.*

Ich habe überlegt, verschiedene Uniformen
zu verwenden oder sie einfach nur alle
identisch zu kleiden. Erst machte ich einige
genaue Anatomiezeichnungen, um die
Arme und Beine in die richtigen Positionen
zu bekommen. Doch schließlich zeichnete
ich so etwas wie eine kleine Masse, eine
kompakte Masse.
Eine Zeitlang war ich mir ziemlich sicher,
dass ich sie in typische Anzüge stecken
würde, wie Banker oder Politiker sie tragen;
dann dachte ich an religiöse Kleidung.
Doch das funktionierte nicht, weil es zu
viele Konnotationen gibt. Schließlich
machte ich einen Versuch mit simplen
Kleidungsstücken, Hosen und T-Shirts,
die ich in einem neutralen Grau anmalte.
Als ich an den Gesichtern arbeitete, kam
mir die Idee des Camouflagemusters, weil
der Militärlook sehr ausdrucksstark ist und
Tarnung zudem nicht nur eine militärische
Bedeutung hat. Darüber hinaus spielt es
nicht nur eine wichtige Rolle, dass meine

(Fortsetzung auf S. 24)

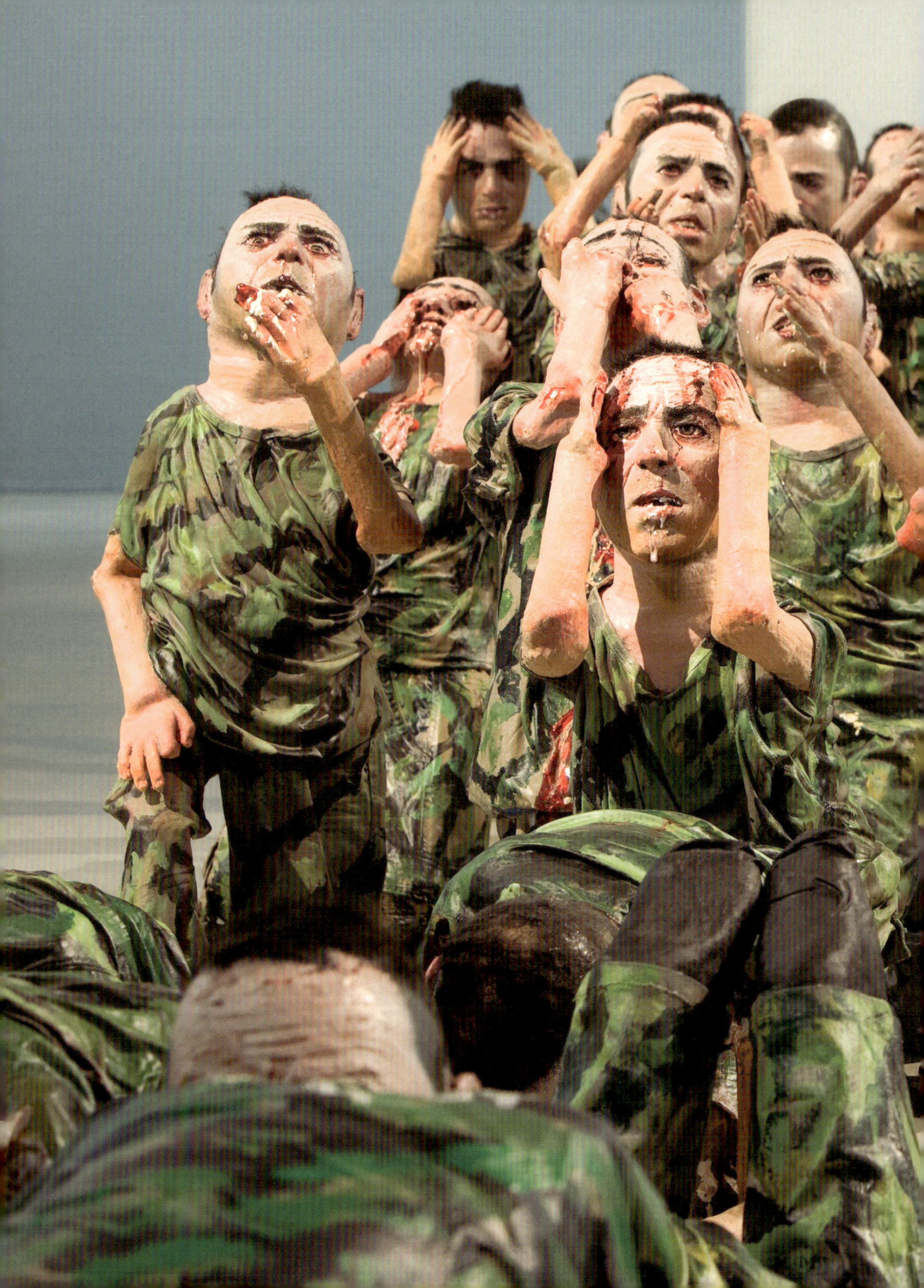

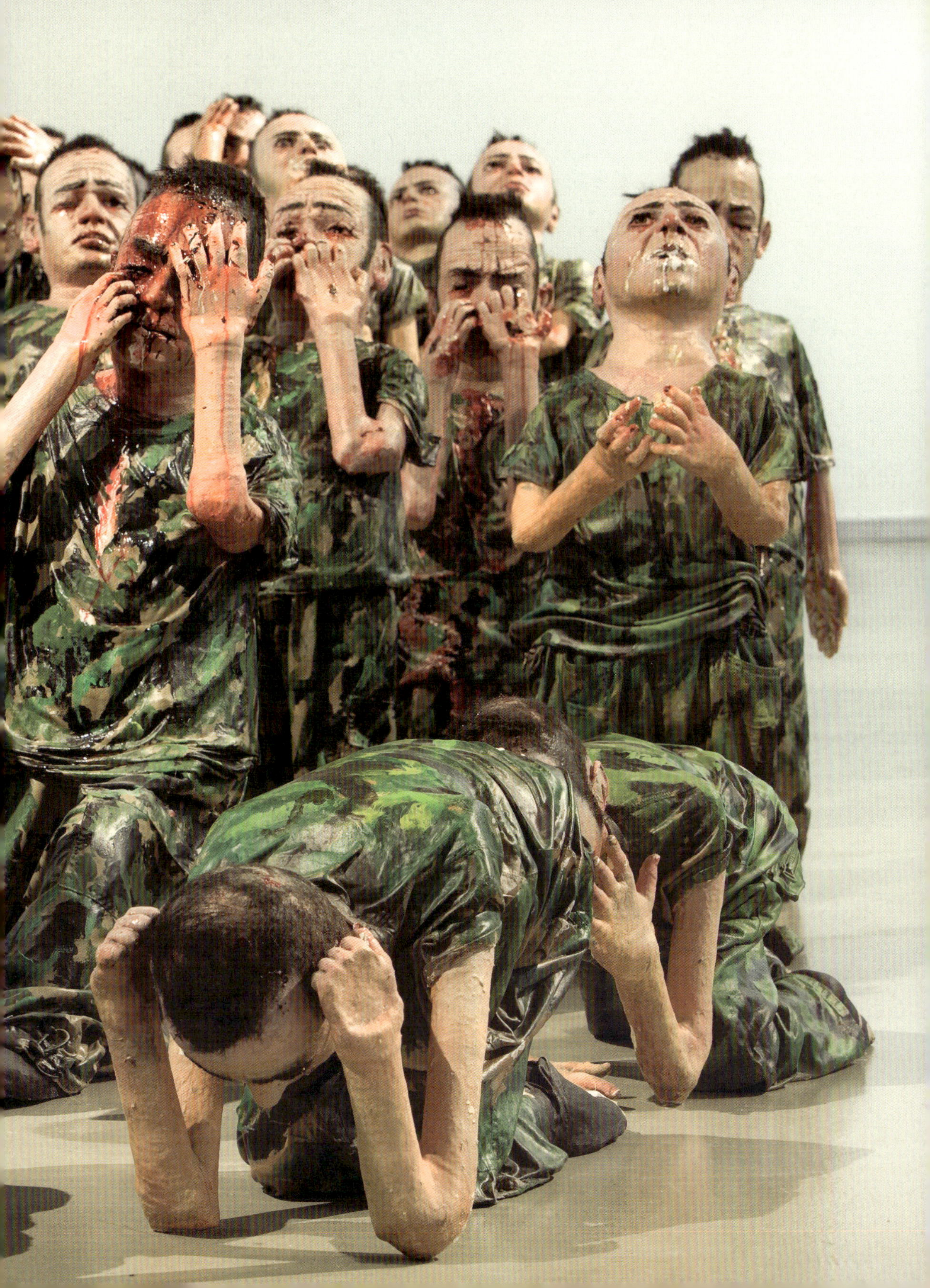

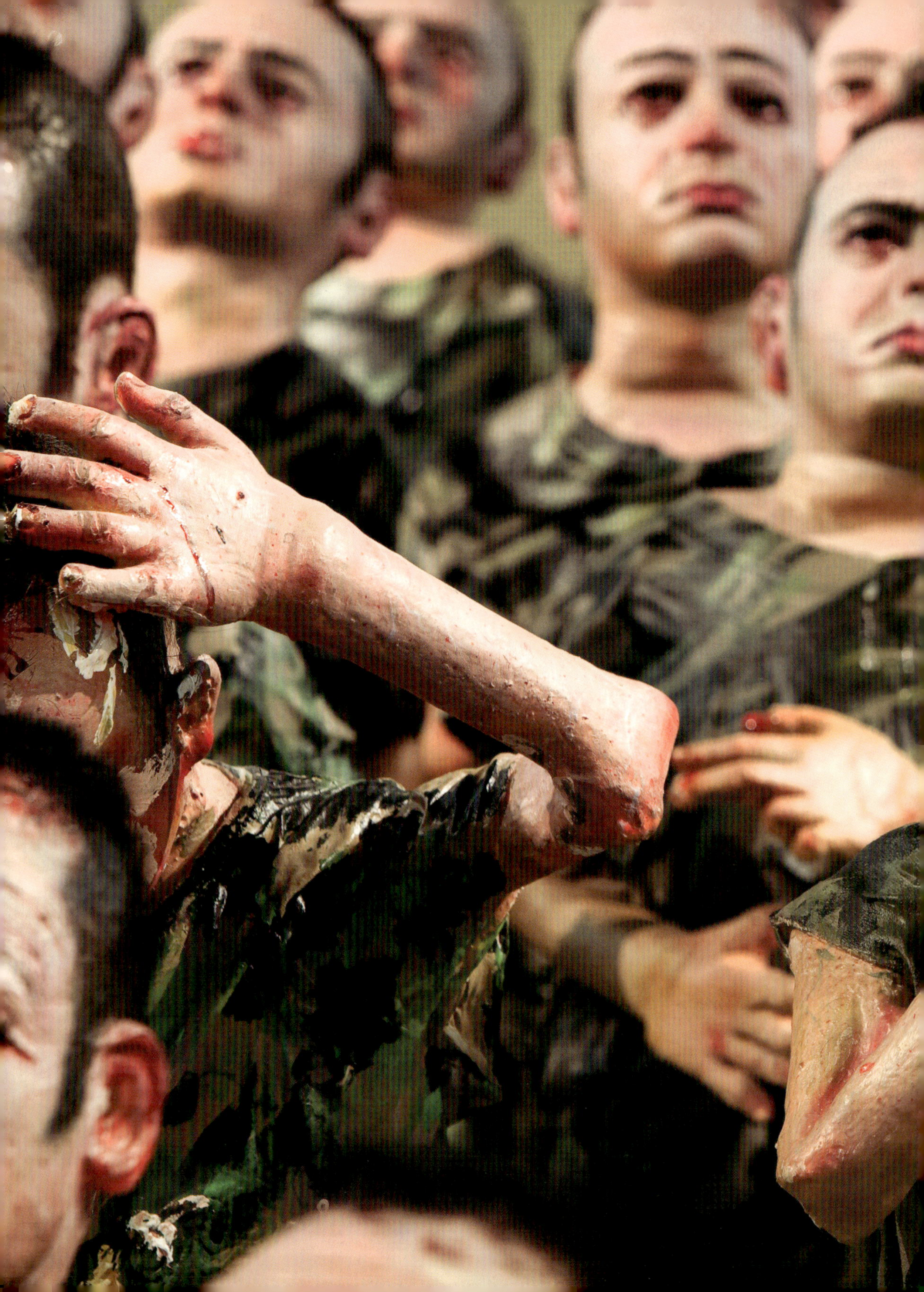

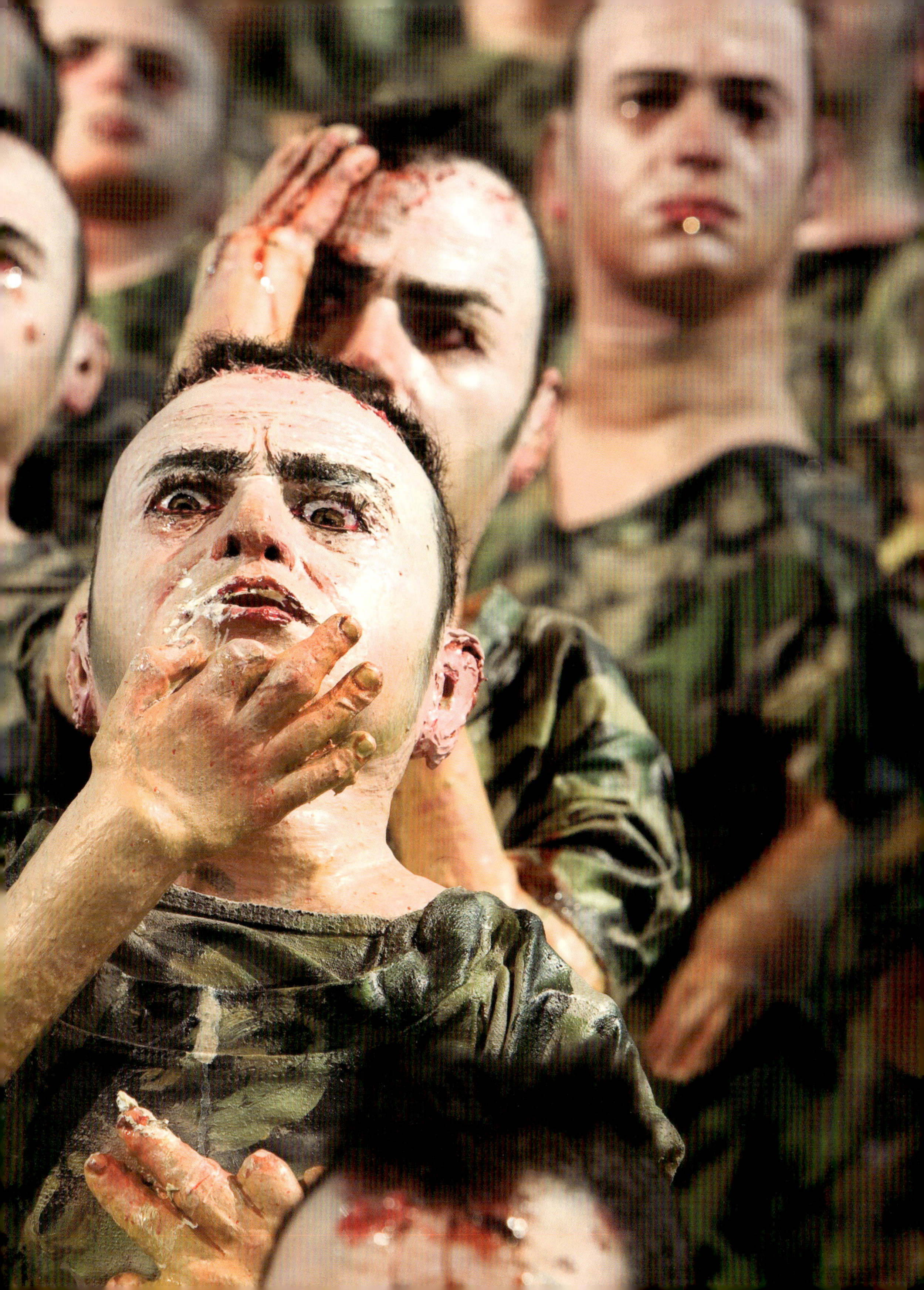

Skulpturen in Camouflage gekleidet sind, sondern auch, dass sie Socken tragen, aber keine Stiefel, keine Waffen, sonst nichts. Das ist völlig widersprüchlich und zugleich lächerlich – sie verschwinden, da sie keine Individuen sind, sie sind Teil dieser Menge. Jetzt sehen sie manchmal wie ein einziger Körper aus, wie ein einziges großes Monster.

Die 80 Skulpturen bewegen sich alle in die gleiche Richtung – marschieren zu ihrem Idol, zu einem dramatischen Endpunkt. Als ich die Arbeit das erste Mal gesehen habe, damals noch mit 60 Figuren, sind diese quasi ins Leere gelaufen. Du hattest ein Skizzenbuch bei dir, in dem du verschiedene Möglichkeiten der Positionierung für die geplante Ausstellung durchexerziert hattest: Die Fanatics *sollten auf ein gemeinsames Ziel ausgerichtet sein und zugleich sollte die Ambivalenz der Aussage beibehalten werden. Wir haben lange darüber gesprochen und nun wird es für den Ausstellungsraum in Mannheim eine große, raumgreifende Wandmalerei geben.*

Zunächst betrachte ich die Ausstellungsräume als geistige Räume. Geht man als Besucher dorthin, dringt man in das neue Werk ein. Dort bist du der Fremde, denn den Skulpturen gehört der Raum. Bei meinen ganzen Überlegungen zu den *Fanatics* stellte ich mir immer vor, es gäbe etwas Unheimliches am Ende der Reihe, eine Guillotine oder ein Loch, in das man wie die Lemminge springt und Selbstmord begeht. Schließlich besitzt es aber eine größere Kraft, wenn sich der Betrachter ausmalen kann, was dort passiert. Doch statt die Menge ins Nichts schwinden zu lassen, wird sie auf den Wänden fortgesetzt. Ich stelle es mir so vor, dass die erste Skulptur, der erste Fanatiker fast die Wand berührt, und die gemalte Verlängerung betrachte ich als Fortsetzung ihrer eigenen Gedanken. Die Wandgemälde sind für mich immer wie Geister, wie Gedanken, die so stark sind, dass sie wie Symbole an der Wand haften bleiben. Es gibt einen Film des italienischen Regisseurs Dario Argento

mit dem Titel *Profondo Rosso*, den ich wirklich sehr liebe. Darin sagt ein weibliches Medium, sie könne Gedanken fühlen; sie fühlt die Gedanken anderer Menschen wie eine Spinne im Netz. Es ist so, wie Gedanken in Comics zusammengesetzt werden. Ich verwende diese Art von Symbol, um die Gedanken der besessenen Geister an den Wänden darzustellen. Die *Fanatics* denken die ganze Zeit über sich nach. Wir sind allenthalben von ihren Gedanken umgeben, Gedanken, die sie sich über sich selbst machen, wie in einer Endlosschleife.

Auf deinen Aquarellzeichnungen, die du als Studien angefertigt hast, sieht man eine endlose Kette von durcheinanderwirbelnden Figuren – sie werden sich, von den Skulpturen ausgehend, über alle vier Wände des Raumes erstrecken und den Betrachter in das Geschehen mit einbeziehen.

Es ist wie ein Monster, wie ein zwanghafter und sich ständig wiederholender Gedanke, der so mit deinem Gehirn verbunden ist, dass er nicht entfernt werden kann – wie Gewalt, sexuelle Besessenheit, Töten, religiöser Wahn, wirklich dumme Obsessionen. Dabei haben mich künstlerische Porträts wirklicher Soldaten inspiriert; ein anderes Mal verwendete ich Plakate als Hommage an Goya und andere Maler. Es gibt auch eine Guillotine als Darstellung meiner eigenen Obsession davon. Die *Fanatics* tragen die Guillotine so, wie die Engel in der Sixtinischen Kapelle das Kreuz tragen. Einige tragen ein Camouflage-Outfit

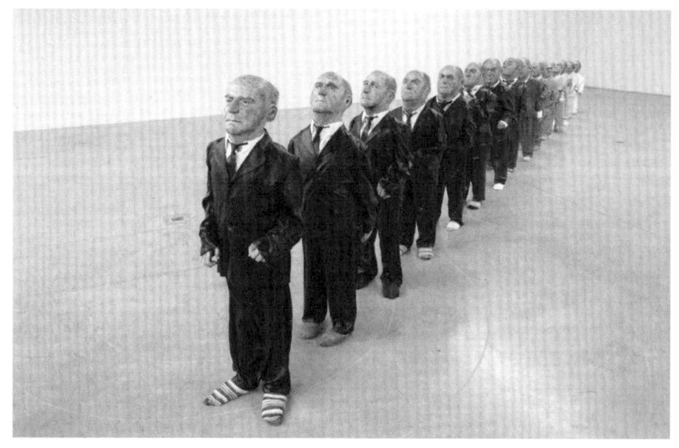

wie die Skulpturen, andere sehen mit ihren
goldenen Kronen aus wie Könige. Als Spanier
ist es ziemlich aussagekräftig, Könige und die
Guillotine in Zusammenhang zu bringen.
Die Installation wird ein geistiger Raum sein,
aufgeteilt in einen äußeren und einen inneren
Raum, in deine Beziehung zur Welt und deine
Beziehung zu dir selbst.

*In deiner Arbeit insgesamt spielt das Verhältnis von
Raum und Zeit eine wesentliche Rolle. Auf den ersten
Blick erscheint die räumliche und zeitliche Situation
in der Installation der 80 Fanatics ambivalent – es
sind verschiedene Annäherungen und Lesarten möglich:
Wird hier die Prozession einer anonymen Masse von
Gleichgesinnten in Gang gesetzt? Oder sehen wir wie in
einem Zeitraffer verschiedene Grade der Assimilierung
eines Individuums?*

Das ist eine sehr interessante Herangehensweise.
Darüber habe ich oft nachgedacht, aber nie
gesprochen. Erinnere dich beispielsweise an
15 Fathers, eine Figurengruppe mit derselben
Charakteristik: 15 Skulpturen meines Vaters
stehen in einer Reihe. Sie haben alle genau
die gleiche Form, doch ihre Farbe wechselt
allmählich von Schwarz zu Weiß. Mit dieser
Arbeit wollte ich einen besonderen Effekt
erzielen. Schaut man im Ausstellungsraum
aus einer bestimmten Perspektive, sieht man
nur eine Figur, doch wenn man sich ein wenig
bewegt, sieht man sie alle. Gleichzeitig werden
sie in der Reihe immer kleiner. Ich arbeite hier
mit der Vorstellung von Raum und Zeit –
man sieht die gleiche Person zu verschiedenen
Zeiten. In Dokumentarfilmen über Raum und
Zeit sprechen Wissenschaftler oft von Zeitreisen.
Sie nehmen eine Person und unterteilen sie in
viele Zeiteinheiten. Damit wollte ich spielen – es
ist die gleiche Figur, aufgeteilt über eine große
Zeitspanne, damit man sie zu verschiedenen
Zeitpunkten sehen kann.

*Als weiteres Charakteristikum deines Werks betrachte
ich eine narrative Offenheit und Mehrdeutigkeit, die den
Betrachter einem Gefühl der Verunsicherung ausliefert.
Dies hängt hauptsächlich mit dem gewählten Zeitpunkt
zusammen, in dem deine Figuren sowohl in der Malerei*

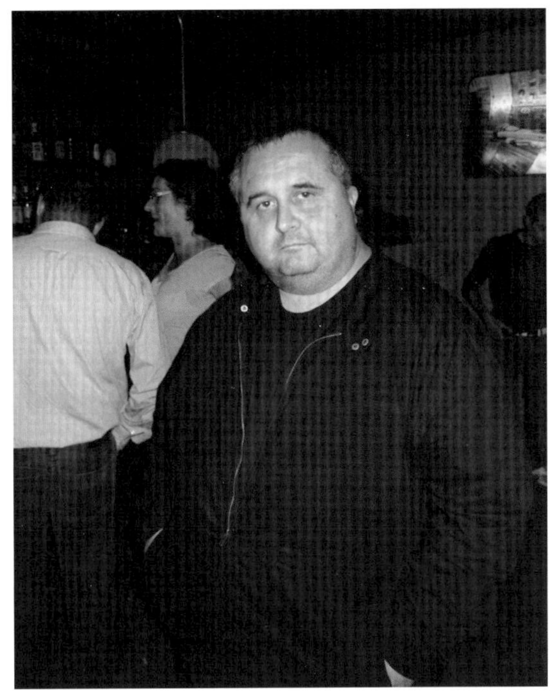

*als auch in dreidimensionalen Arbeiten agieren. Sie
bewegen sich in Zeit und Raum als hätten sie den
Höhepunkt bereits überschritten oder stünden kurz vor
der eigentlichen Katastrophe.*

Das stimmt, ich zeige nie den Höhepunkt.
Es handelt sich um den Moment davor
oder danach. Ein typisches Beispiel hierfür
ist die Bilderserie *Shame, Humiliation*. Auf
diesen Aquarellen gibt es nur leere Zimmer,
meistens Schlafzimmer, nur mit einem
Bett. Man hat den Eindruck, es sei vor
einer Minute etwas passiert oder es würde
gleich etwas passieren oder es passiert
gerade etwas, das dem Blick des Betrachters
verborgen bleibt: verschüttete Milch, ein
einzelner Schuh, drei Nägel, Blutspuren.
Das meine ich: Man spürt, dass sich etwas
ereignet, auch wenn es nicht gezeigt
wird. Scheinbar offensichtlich passiert
etwas Merkwürdiges. Ich möchte immer
mehrdeutig sein, damit der Betrachter sich
etwas ausdenkt, das bestimmt interessanter
ist als das, woran ich denke. Mehrdeutigkeit
ist sehr wichtig für meine Arbeit. Ich

verlange vom Betrachter, dass er arbeitet und nicht nur wahrnimmt, verweilt oder herumläuft.

Die Begegnung mit deinen Arbeiten ist tatsächlich eine Totalerfahrung. In den vergangenen Jahren hast du immer wieder auch an Theaterproduktionen mitgewirkt und Bühnenbilder gestaltet. Ich erinnere mich an die Fotos, die du mir von deinen Arbeiten für das Teatro Pradillo in Madrid gezeigt hast. Skulpturen, die später auch im Kontext von Ausstellungen wieder auftauchten. Alles ist wie ein Gesamtkunstwerk angelegt, in dem du Darstellungsweisen der Bildenden Kunst, des Theaters und des Films miteinander verknüpfst. Wo liegen für dich die Schnittstellen zwischen der Welt des Theaters und der Bildenden Kunst?

Ich denke, es gibt eine enge Beziehung zwischen Kunst und Theater. Im Theater habe ich nur mit Skulpturen gearbeitet und mit Menschen, die ein komplexes Konzept haben. Zunächst habe ich mit José Carlos Plaza an einem Theaterstück gearbeitet und dann mit Angélica Liddell. Wir haben immer viel über das Konzept diskutiert. Ich glaube, die Verbindung ist sehr eng, denn wenn man einen Ausstellungsraum besucht, sieht man etwas, das voller Dramaturgie ist; es ist wie in einem Theater. Es gibt vielleicht keine Schauspieler, doch es ist ein Theater. Der Künstler schafft etwas, das einen Monat zuvor noch nicht existiert hat und das nur für einen gewissen Zeitraum für den Betrachter da sein wird. Das Verbindende ist also die Dramaturgie. Sie ist wichtig, um eine Umgebung herzustellen, die den Betrachter anzieht und ihm etwas mitteilt. Für mich ist sogar die Kirche ein Theater.

Ja, deine Werke und Installationen gleichen einem Welttheater, in dem der Betrachter zur Reflexion eingeladen wird: Persönliche Erfahrungen, Einzelschicksale und das allgemeine menschliche Drama verbinden sich zu einem Kreislauf alltäglicher psychischer Pathologien. In vielen Ausstellungen sind deine Skulpturen, Gemälde, Zeichnungen und Videos so angeordnet, dass sie einen gemeinsamen Bild- und

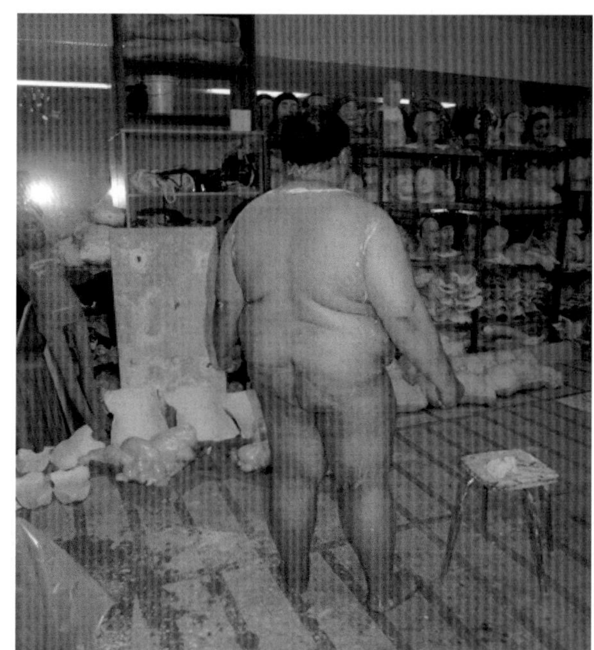

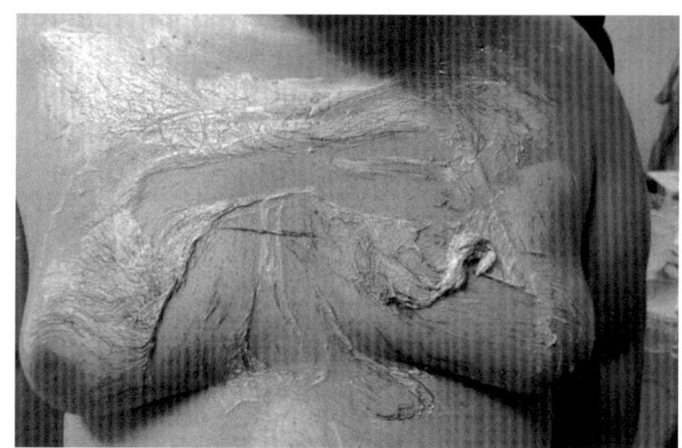

Erfahrungsraum erzeugen. Welchen Stellenwert ordnest du den verschiedenen künstlerischen Disziplinen in deinem Werk zu?

Das ist in meinem Fall ganz einfach: Ich habe nur ein Werk. Das Medium ist nicht wichtig, da ich ständig in allen Medien arbeite. Wie in einem Kreis versuche ich sogar, den Prozess des Malens im Prozess der Bildhauerei zu reproduzieren: Die Idee stammte vielleicht von einem Polaroid-Foto – das Polaroid-Foto ist die Vorlage, die ich beim Malen kopiere; die Plastik stammt von dem Abguss eines Modells

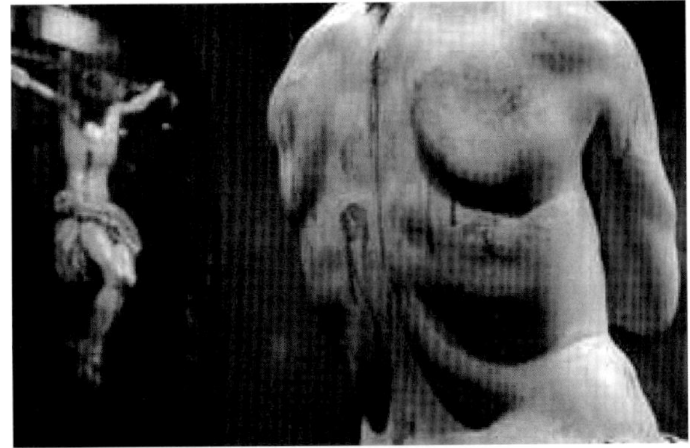

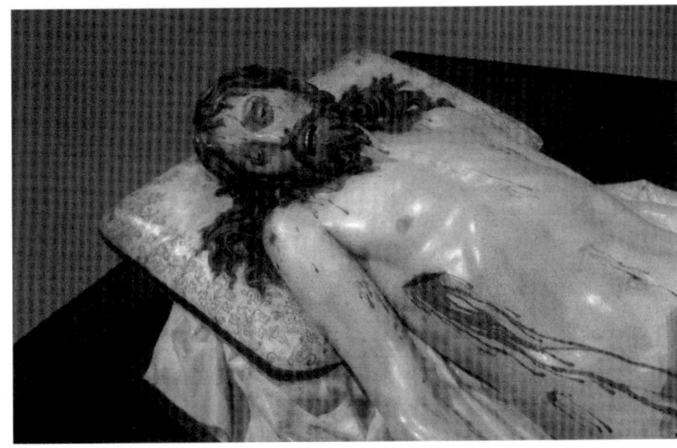

und dann mache ich wieder Fotos. Sogar meine Skulpturen sind mit Öl- und Acrylfarben bemalt. Ich denke nicht: „Jetzt mache ich eine Plastik, jetzt ein Gemälde." In meinem Kopf schwebt ständig eine allgemeine Idee, also habe ich nur ein Werk! Es ist in Stücke unterteilt und es ist kontinuierlich, doch es ist nur ein einziges Werk. Ich fing mit Aquarellen und Bleistiftzeichnungen an – viele davon habe ich behalten. Dann folgten Ölgemälde und schließlich Skulpturen. Zurzeit fühle ich mich mehr zu Skulpturen hingezogen. Andererseits male ich noch immer sehr viel, nicht nur mit Öl und Acryl sondern auch mit Wasserfarben, zum Teil Serien mit 6.000 Blättern. Ich wende auch gerne verschiedene Malstile an. Der eine ist sehr kunstvoll, ein präraffaelitischer Stil, der andere eher skizzenhaft.

Dein Werk entwickelt sich wie ein vielfach vernetztes work-in-progress: Einzelne Elemente behandelst du wie Versatzstücke, die du zu neuen Werkgruppen kombinierst

und in immer neue räumliche und inhaltliche Kontexte versetzt.

Generell versuche ich, in meiner Arbeit vom Visuellen auszugehen und es zu verdrehen – ich mache mir ein Bild meiner gesamten Umgebung und verdrehe sie. Dann entferne ich Teile und füge sie an anderen – oder auch den gleichen – Stellen wieder ein. Man benutzt die gleichen Arbeiten und baut daraus andere Sätze, um Dinge neu zu organisieren, um neue Aspekte herauszuarbeiten. So wie man einen Vergleich in einem Satz verwendet und ihn dann in einem anderen Kontext wieder anbringt. Jetzt zeige ich *Luis* in dieser Umgebung und später in einer anderen, etwa zusammen mit einem Film. In gewisser Hinsicht wird er der Gleiche bleiben. Ganz allgemein herrscht in meiner Arbeit eine Beziehung zu allem, zum inneren und zum äußeren Raum, und zu allen anderen Elementen. Was ich entwickeln möchte, ist ziemlich kosmologisch und komplex. Folglich wächst meine Arbeit nicht in eine Richtung, sie wächst die ganze Zeit aus der Mitte heraus.

Nehmen wir Luis als Beispiel: Er existiert in deinen Arbeiten als dreidimensionaler Körper, tritt in Zeichnungen auf oder ist als Protagonist in einem Animationsfilm zu sehen. Das plastische Pendant des realen Luis wird auch nach Mannheim reisen und ist in vielerlei Hinsicht ein besonders eindrucksvolles und auch dramatisches Exemplar der Spezies Mensch im Rahmen deines Werks; nicht nur, weil Luis lebensgroß ist, sondern auch, weil er nackt ist – ein Gegengewicht zu der Skulpturengruppe der 80 Fanatics und zugleich eine Entsprechung.

Ja, ich spüre eine starke Beziehung zwischen den *Fanatics* und der Skulptur des *Luis*. Für mich drücken sie dasselbe aus – in zwei vollkommen verschiedenen Darstellungsweisen. *Luis* ist eindrucksvoll, sowohl in körperlicher wie in geistiger Hinsicht. Also rede ich von der Person Luis und gleichzeitig von der allgemeinen inneren

Wut. Es ist gewissermaßen eine andere Art, mit Fanatismus umzugehen.

Luis' monumentaler Körper wirkt wie eine schreiende Blackbox, die mit den Kleidern auch das Mysterium der inneren Bewegtheit abgestreift und diese nach außen gekehrt hat. Sein inneres Schreien erscheint auf der Haut, in seiner verkrampften Haltung, in seinen Augen, in seinem gesamten Ausdruck. Neben der Skulptur hast du auch zwei Aquarelle mit Luis für die Ausstellung vorgeschlagen – in einem von ihnen zieht er einen Karren mit einem Skelett-Haufen hinter sich her.

Bei den Briten gibt es diese Redensart, dass jeder ein Skelett im Schrank hat. Das heißt, jeder hat etwas zu verbergen, jeder hat eine Leiche im Keller. Du überlegst: „Hat er ein Skelett? Wo ist es?" Luis' Skelett wird – vielleicht unbewusst – von seinem Körper versteckt. In Spanien gibt es eine andere Redensart: Wenn dich jemand mit einem Problem konfrontiert, sagen wir: „Was für

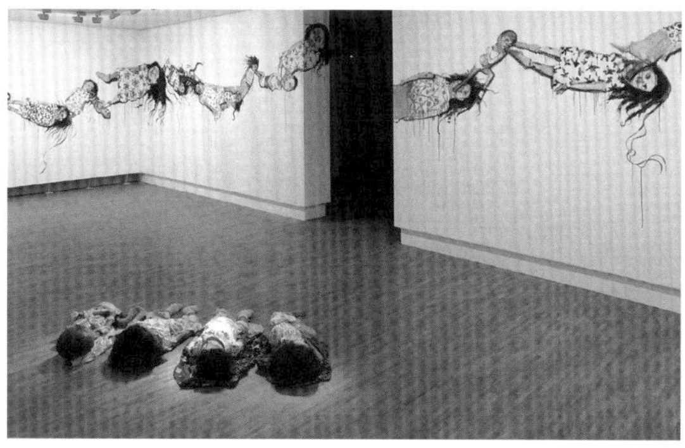

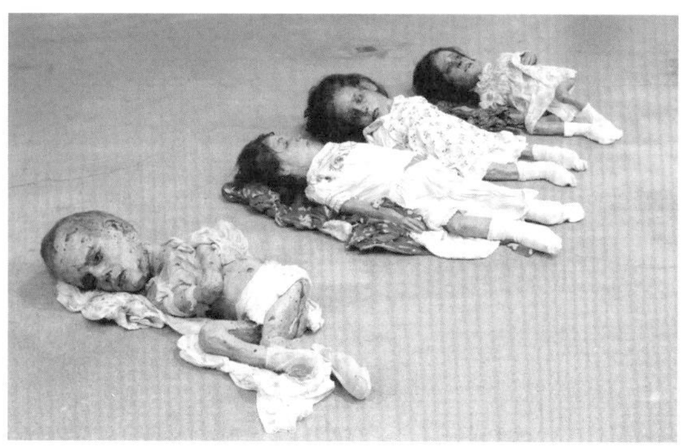

eine große Leiche hat man dir aufgebürdet." Denn im Mittelalter bestand eine der furchtbarsten Strafen darin, freigelassen zu werden, aber mit einer Leiche auf den Rücken gebunden. Ich spielte mit diesen Redewendungen und stellte mit vor, er trägt ein Skelett auf dem Rücken. Luis verbirgt viel, denn er ist eine verschlossene Person, gar nicht offen. *Luis* besteht größtenteils aus Fleisch – es sind kaum Knochen zu sehen. Er hat eine Körperhaltung, als trage er etwas, doch er trägt nichts. Wir haben darüber nachgedacht, wo wir die beiden Aquarelle, *New Subjectivity* und *Sack of Bones*, platzieren, irgendwo in der Nähe von *Luis* im Sammlungsraum, als kleiner Hinweis für den Betrachter, damit er die Verbindung herstellt, dieselbe Figur erkennt, die Verbindung zum Karren voller Knochen zieht.

Luis hat eine körperliche Präsenz, die ihn von seinen berühmten Nachbarn im Sammlungsraum der Kunsthalle – den Plastiken von Rodin, über Lehmbruck und Maillol bis zu de Fiori – isolieren wird. Ich sehe ihn als Inbegriff einer anti-heroischen Skulptur. Welche Verbindung besteht für dich zwischen Luis und den plastischen Entwürfen deiner künstlerischen Ahnen der vergangenen Dekaden?

Ich denke, es ist ein interessantes Spiel, denn alle stellen den menschlichen Körper mit verschiedenen Materialien dar – Stein, Metall und Bronze. *Luis* wiederum besteht aus einem völlig anderen, neuen, synthetischen Material, und hat sogar Haare und ist bemalt. Die meisten anderen Skulpturen sind weiblich – eine wichtige Tatsache für Luis, der die Rolle einer unabhängigen Person spielt und für den Frauen nur eine Last sind. Es gibt nur eine männliche Figur von Ernesto de Fiori. Sie ist sehr dünn und poetisch, die Haltung leicht feminin. Gleichzeitig unterscheidet sich *Luis'* Repräsentationscode vollkommen von dem der Gruppe klassischer Skulpturen. *Luis* ist die lebendigste Figur und ähnelt am ehesten einem wirklichen Menschen durch seine farbige Oberfläche und die Haare. Die Besucher werden etwas verwirrt sein, denn sie werden *Luis* als Plastik und gleichzeitig als echten

Menschen betrachten. *Luis* wird nicht auf einem Sockel stehen, das ist ein Unterschied. Er wird ziemlich jämmerlich und absolut nicht heroisch aussehen. Wenn man nackt ist und Socken trägt, ist man noch nackter. Das gehört zur antiheroischen Skulptur. Ich hasse die Figur des Helden, ich finde sie mittelmäßig und ziemlich kontrovers. Also wird *Luis* unter ihnen sein, es ist die perfekte Umgebung für ihn, er genießt die Gesellschaft und hat zugleich Angst vor ihr.

Deine Skulpturen sind von einem extremen Realismus geprägt und weisen ästhetische Referenzen auf, die Vergangenheit und Gegenwart verkoppeln und der süddeutschen Gotik ebenso nahestehen wie dem spanischen Barock mit seinem Ausdruck innerer Spiritualität und Mystik. Drastische Ausdrucksgebärden, dramatisches Licht und farbliche Nüchternheit sind die Elemente einer eigenständigen spanischen Kunsttradition, die außergewöhnliche Schöpfungen mit unheimlichen und bizarren Themen hervorbrachte – von Ribalta und Ribera über Velázques und die Skulpturen Canos und Menas bis hin zu Goya. Sind derartige Resonanzen, ist die Rückkopplung an die spanische Tradition für dich und deine Kunst relevant?

Ich wuchs in Salamanca auf. Dieser Altar hier (*wir sitzen auf der Treppe an einem Fenster des Klosters San Esteban*) ist mir vertraut. Für mich war es von großer Bedeutung, in einer Stadt mit vielen Kirchen voller Skulpturen und Gemälde groß zu werden. Hinter dir sehe ich eine Säule übersät mit in Stein gemeißelten Blumen. Und wenn ich zur Decke blicke, sehe ich wunderschöne Verzierungen und diese Skulptur Maria Magdalenas. Und vor diesem Hintergrund lebe ich seit meiner Jugend. Es ist nicht so sehr ein extrem starker, spezifisch spanischer Einfluss, sondern vielmehr eine Mischung aus Einflüssen von der spanischen Kunst und der spanischen Mentalität, von den flämischen Barockgemälden und den deutschen Primitiven. Wie viele zeitgenössische Künstler, fühle ich mich auch Goya sehr verbunden. Ich weiß nicht warum. Goya ist sehr spanisch, und die meisten Menschen, die sich Goya verbunden fühlen, sind nicht aus Spanien. In Spanien ist es nicht üblich, zu sagen, man fühle sich dem Werk von Goya verbunden, denn das liegt so nahe. Ich denke nicht, dass Goya besonders journalistisch gearbeitet hat, doch durch Goya wird eine Periode in der spanischen Geschichte erklärt. Er malte nicht nur die Könige und die ganzen wichtigen Leute, sondern auch viele gewöhnliche Menschen jener Zeit. Er malte die historischen Ereignisse als Zeitzeuge. Doch er war nicht nur ein Historienmaler, sondern auch ein sehr kritischer Maler. Er schlägt sich nicht auf die eine oder andere Seite. Deshalb fühle ich mich Goya verbunden. Zudem mag ich seine Sichtweise, die Art, wie er seine Ansichten über die Gesellschaft und seine Mitmenschen entwickelt. Betrachtet man ein von Goya gemaltes Porträt, spürt man sofort, ob er diese Person gemocht hat oder nicht. Er lebte in einer für Spanien sehr zwanghaften Zeit.

Außergewöhnlich sind deine plastischen Figuren auch deshalb, weil sie keine Marmor- oder Bronzekörper haben, sondern synthetisch, bekleidet, bemalt und mit echtem Haar ausgestattet sind – als ob du ihnen durch die Oberflächenbehandlung Leben einhauchen und sie damit auch im Hier und Jetzt verankern würdest. Warum sind die aufwendige Behandlung und die Bemalung der Skulpturen so wichtig für dich?

Die Oberfläche ist alles! Zeigt man eine Plastik ohne Bemalung, ist es für mich nichts. Ich reduziere sie, male das Gesicht und kleide die Skulpturen ein. Die Malerei ist der wichtigste Teil! Ich kann einen Abguss einer anderen Person herstellen, ein Bild von dir machen und die Plastik dann so anmalen, dass sie aussieht wie du. Manche Menschen sagen, das sei wie imperialistische Skulptur oder Malerei. Doch das ist es überhaupt nicht! Wenn man genau hinsieht, ist *Luis* wie ein Gemälde gemalt. Ich versuche zwar nicht, die Oberfläche zu imitieren, aber ich appliziere dennoch Schichten aus transparentem Latex, um die Haut herzustellen, den Kern – fast wie ein Präparator. Die Technik habe ich von

einem echten Präparator gelernt, der mir
das alles gezeigt hat. Dann benutze ich
echtes Haar und richtige Kleidungsstücke,
und schließlich bemale ich die Haut. Wenn
ich immer wieder auf diese Latexschicht
male, dann ähnelt das der Technik, in der
primitive Völker ihre Tempel bemalten.
Sie mischten die Farben nie auf einer
Palette, sondern rein optisch, denn auch sie
verwendeten durchsichtige Schichten. Sie
malten erst die dunklen Formen und trugen
dann die hellen Farben auf – so wie ich es
mache.

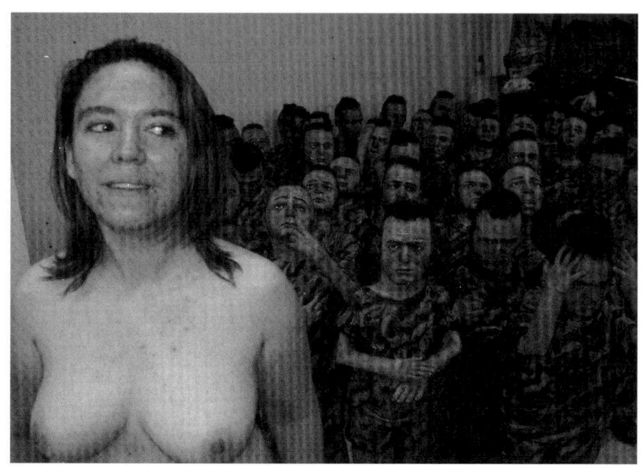

*Du hast mir während meines letzten Besuchs
in deinem Atelier gezeigt, wie komplex und
zeitaufwendig der Entstehungsprozess jeder deiner
Skulpturen ist. Es erscheint fast wie ein ritueller
Akt, Abgüsse von deinen Modellen herzustellen, die
Formen immer wieder zu verkleinern, die Oberfläche
zu bearbeiten und anschließend zu bemalen.*

Es ist nicht nur deswegen ein Ritual, weil
ich die Methode von einem Präparator
gelernt habe. Einen Abguss von einer Person
herzustellen bedeutet, dass er oder sie da
war – ich stand in Beziehung zu dieser
Person. Ich verfüge über den Raum dieses
gesamten Körpers, ich besitze diesen Raum,
und wenn ich an der Plastik arbeite, habe
ich ein sehr merkwürdiges Gefühl. Zuerst
nehme ich einen Gipsabdruck, dann den
nächsten, bis ich alle Teile zusammenfügen
muss. Dann bearbeite ich immer wieder die
Oberfläche, weil der Abguss nie perfekt ist.
Später muss ich dann die Plastik mit ihrem
Bild bemalen. Jeden Tag sehe ich ihre Augen
und ihre Nase – doch es ist nie eine einfache
Reproduktion. Die Skulptur wird für einen
bestimmten Zweck hergestellt, für eine
Arbeit, die ich entwickle. Wenn ich dann
nach sechs Monaten oder einem Jahr diese
Person wieder treffe, sage ich immer so etwas
wie: „Schau dich an, du bist da, du bewegst
dich." Es ist als würde man eine berühmte
Persönlichkeit treffen.

*Deine Ikonografie ist ein Konglomerat von Elementen
der inneren und der äußeren Wirklichkeit. Realistische,
groteske und barocke Details werden miteinander
verschmolzen, private und politische Mythologien mit
kunstgeschichtlichen und alltäglichen Versatzstücken
kombiniert, Independent-Movies und Comic-Szenen
miteinander vermengt. Wer sind die Protagonisten deiner
Gemälde, Skulpturen, Zeichnungen und Videoarbeiten?*

Jeder. Meist habe ich Menschen gemalt, die ich
kenne. Zu Beginn habe ich mit meiner Familie
und mit nahen Verwandten gearbeitet – heute
bin ich offener. Ich benutzte sogar die Figuren
meines Vaters und meiner Mutter als Symbole
für jedermanns Eltern – etwas, das sofort eine
Verbindung zu den eigenen Gedanken und
Erinnerungen herstellt.
Manchmal habe ich eine Arbeit über etwas
gemacht, was jemandem passiert war, und dabei
Symbole verwendet und die Ereignisse verdreht.
Ich versuche eine gesamte Welt zu erschaffen:
Zuweilen trifft eine Figur auf eine andere und
sie spielen dann verschiedene Rollen. Heute
betrachte ich Luis als eine Figur meiner Welt.
Ich setze mich mit all dem auseinander, um
Gefühle darzustellen. Ich fühle mit einer Person
und manchmal möchte ich etwas zu dieser
Person sagen. Hin und wieder benutze ich sogar
Bilder aus dem Internet, doch meistens haben
sie mit einer speziellen Idee zu tun, oder ich
fühle mich auf gewisse Weise mit den Bildern
anderer Personen verbunden – es klingt etwas
albern, aber das Internet ist Teil der Familie.

In unserer Ausstellung werden wir auch ein Animations-Video mit dem Titel The Birth of Tragedy II *installieren. Es zeigt deine Mutter als Hauptdarstellerin, die mit einer Maske spielt. Masken sind ein in Spanien bis heute traditionsverhaftetes und in deinen Arbeiten häufig wiederkehrendes Motiv – sie bieten dem Betrachter die Möglichkeit, sich in den Maskierten hineinzuversetzen und sich selbst in eine Scheinwelt zu begeben, wie du sie im Rollenspiel mit deinen Eltern konzipiert hast.*

Ich arbeite viel mit Masken. Für mich ist die Maske schon immer ein wichtiges Symbol gewesen. Als Kind trug ich eine Maske als Schutz, um vollkommen verborgen zu sein. In *The Birth of Tragedy I* sehen wir meinen Vater mit einer anderen Maske. Die beiden Teile der Arbeit basieren auf Nietzsches Buch. Sie spielen mit dem Antagonismus zwischen Tragödie und Komödie. Ich wollte zwei Teile herstellen, denn ich mag diesen Dualismus wirklich sehr. Für mich ist der Teil mit meinem Vater eher die Tragödie, der andere die Komödie. In anderen Werken habe ich das vielfach mit meiner Mutter wiederholt: Sie nimmt eine groteske Maske ab und nimmt hinterher denselben Gesichtsausdruck an. Hier tut sie das auch. Der Joker lächelt, und sie entfernt die Maske und lächelt. Ich habe zwei Masken gekauft, eine von „Batman" und eine vom „Joker", und sie meinen Eltern geschenkt: die Batman-Maske dem Vater, die Joker-Maske der Mutter. Am Ende benutzte ich die Batman-Maske nicht und gab meinem Vater stattdessen eine venezianische Maske. Es hat sie nicht direkt schockiert, aber … meine Mutter sagte mir, dass sie lieber Batman wäre. Es ist interessant: Wenn man eine Maske trägt, ist man eine vollkommen andere Person, man fühlt sich unangreifbar. Ich habe häufig Bewegungen oder Performances in Bilderserien dargestellt.
Die Aquarelle für die Filme zu machen, ging einen Schritt weiter als die Arbeit an den Zeichnungsserien.

„Die Kunst und nichts als die Kunst! Sie ist die große Ermöglicherin des Lebens, die große Verführerin zum Leben, das große Stimulans des Lebens", so Friedrich Nietzsche, der auch in einigen deiner anderen Arbeiten eine Rolle spielt. Hast du Nietzsche auf Spanisch gelesen?

Ich habe Nietzsche in der Übersetzung gelesen. *Also sprach Zarathustra* ist eines meiner Lieblingsbücher. Ursprünglich war das einer der wichtigsten Gründe für mich, Deutsch zu lernen, doch es war zu schwierig. Für mich ist Nietzsche eine äußerst faszinierende Figur. Wenn jemand von sich behauptet, er sei der wichtigste Philosoph seit Aristoteles, er werde die gesamte Philosophie von Anfang an bis heute umkrempeln, dann gibt es für mich zwei Möglichkeiten: Entweder ist dieser Typ ein totaler Idiot und anmaßend oder es ist – wie in diesem Fall – die Wahrheit. Wenn jemand das behauptet und es auch noch wahr ist, muss man mit diesem Typen vorsichtig umgehen, denn vielleicht hat er ja recht. Ich finde Nietzsches Geschichte faszinierend. Seine Arbeit ist so widersprüchlich – es ist unglaublich. Er sagte, der wichtigste Musiker sei Wagner, schrieb aber ein Buch gegen Wagner. Es ist nicht zu fassen. Ich könnte viel über Nietzsche sprechen …

Du führst dem Betrachter mit deinem Werk ein Repertoire von Grausamkeiten und Leid vor Augen: sexuelle Gewalttaten, vermisste Kinder und verbrannte Extremistinnen, verwundete Kreaturen und skurrile Mutanten. Was fasziniert dich an dieser Art von nicht-kanonischer Darstellung des menschlichen Körpers?

In gewisser Hinsicht fühle ich mich von der dunklen Seite angezogen, weil sie – was die Katharsis angeht – interessanter ist. Zunächst einmal, glaube ich an die Katharsis, sie hat mit dem Unheimlichen zu tun. Wenn du im Schloss von Dracula bist und dir etwas Seltsames passiert, ist das normal. Aber wenn du zu Hause bist und dir etwas Seltsames passiert, ist es kathartisch, denn du hast es nicht erwartet. Wenn du darüber hinweg bist, erlebst du eine Katharsis. Solch ein Erlebnis ist wie

Medizin. Freud hat viel darüber geschrieben, und ich stimme ihm vollkommen zu. Gleichzeitig ist es unglaublich, dass die Betrachter meine Arbeiten als Konfrontation empfinden. Zum Beispiel die Arbeit mit den drei Kindern, die du in Den Haag gesehen hast – die habe ich dort nicht zum ersten Mal ausgestellt. Sie war vorher auf der Kunstmesse in Madrid zu sehen, wo ich eine Art Klinik gebaut hatte. Menschen, die ich traf, sagten: „Du bist ein Mistkerl, du bist vollkommen verrückt. Das kannst du nicht machen!" Aber niemand begriff, dass ich mit vielen Zeitungsbildern gearbeitet hatte, die exakt dasselbe darstellen. Wenn Leute solche Bilder in der Zeitung sehen, denken sie „Wie schrecklich!", doch auf der nächsten Seite gibt es eine Reklame von Armani mit einer wunderschönen Frau. Manchmal glauben die Leute ich befasse mich mit dem, was ich liebe. Das ist völlig absurd. Ich möchte die Konfrontation. Ich möchte die Betrachter mit einer sehr realen Darstellung dessen konfrontieren, was sie täglich in der Zeitung sehen und was ihnen dort egal ist. Bringt man das gleiche Bild ins Museum oder in eine Galerie, verändert sich alles. Dort ist es sehr wirkungsvoll. Ich glaube, dass die Kunst, die Kraft der Kunst, sehr stark ist.

Du arbeitest häufig mit Leerstellen – mit Details und unausgearbeiteten Hintergründen. Nicht alle Informationen sind für den Betrachter auf den ersten Blick dekodierbar und Kontexte bleiben verborgen. Sieht man hier eine alltägliche Begebenheit oder geht etwas Unheimliches vor sich? Für mich ist es ein wesentlicher Fixpunkt in deinem Werk, dass letztlich die Projektionen des Betrachters, seine eigenen Gedanken und Obsessionen, Gefühle und Ängste beschworen werden – etwas, das unter der Oberfläche brodelt, das hinter der Ecke lauert, wird plötzlich präsent.

In meinem Leben habe ich viele Menschen mit vielen verschiedenen Obsessionen kennengelernt. Es hat wohl etwas damit zu tun, Spanier zu sein. In Spanien leben die Menschen ständig mit Obsessionen.

Erinnere dich daran, was Freud zu Dalí sagte, der sehr daran interessiert war, Freud kennenzulernen. Freud sagte, Dalí sei das typischste Beispiel eines spanischen Mannes, er sei so fanatisch. Auch in der spanischen Geschichte stößt man auf viele Fanatiker und besessene Menschen wie den Konquistador Lope de Aguirre, der versucht hat, einen ganzen Kontinent zu erobern. Selbst ich halte mich für eine besessene Person, in einem gesunden Sinne, doch ich beherrsche meine Obsessionen und fühle mich – weil ich viel daran arbeite – völlig geheilt. Sehr gerne beobachte und studiere ich Menschen, ihr Verhalten, alles, was sie tun. Es gibt viele komplexe aber zugleich sehr einfache Verbindungen zwischen diesen Arten, mit Menschen umzugehen. Das alles hat mit Besessenheit zu tun.

Stefanie Müller

Stefanie Müller (geboren 1979) studierte Kunstgeschichte und Archäologie in Heidelberg und ist seit 2008 Kuratorin im Bereich Skulptur und Neue Medien in der Kunsthalle Mannheim.

… EVERYBODY KEEPS A SKELETON IN THE WARDROBE: CONVERSATION WITH ENRIQUE MARTY

The interview with Enrique Marty was conducted on August 13, 2010 in Salamanca – in his studio, in his apartment, in a café at Plaza Major, in restaurants, in the Convent of San Esteban, during a tour of the old town, and in the alleyways away from the flows of tourists roaming through Salamanca. This text is an excerpt of our conversations held during the 13-hour tour of the city. They offer a far more intensive exchange on issues of Marty's artistic concept, his working method and the exhibition idea developed for the Kunsthalle Mannheim than originally expected.

Enrique, when one immerses oneself in your labyrinthine, frequently networked and multimedia-oriented work, it is hard to evade the visual intensity of your artworks. No matter whether I have encountered your paintings or video animations, the painted sculptures or entire spatial installations – the extremely captivating and at the same time alienating images have clung to my mind. Your direct picture vocabulary, the excessive realism and the penetrating iconography – coupled with theatrical scenarios – always revolve around the human creature. What kind of communicative function does art possess for you? Are you in a similar position as George Grosz, who wanted to hold "the mirror in front of the grotesque face" of his contemporaries to "convince this world that it is ugly, sick and hypocritical"?

I work because I need to communicate and at the same time it's my way of dealing with the world. I want to create a confrontation with the audience and the public. I feel more connected to the line of art as magic than to art as exerting a social influence. I want to talk about the social, but I don't want to be a social painter. I've seen a lot of artists who have worked against the system, and the system just sucked them in. I am more connected to a subtle approach, to using symbols in different layers. I want to show something that attracts attention, because I don't really think that art should be so cryptic that something disappears. Like in the theatre, you need some kind of dramaturgy, because art shouldn't be boring, because art should also be there for normal people not accustomed to art. People should feel attracted. Otherwise you are just doing something like masturbation, talking about art to people specialized in art, and people specialized in art talk about this work to other people specialized in art. This is too close. You must have different layers, a layer and another layer and another. As a model, I have *The Simpsons* in mind, who can be enjoyed by children and adults alike because they are very deep. They criticize society; sometimes they are absolutely cruel with everything, and at the same time they are positioned to the left, politically, but everybody likes them.

In your exhibition at the Kunsthalle Mannheim, a total of five works will be on view, presented for the first time in this constellation. At the center is the group of sculptures, Fanatics: *With its 80 figures, it is your largest sculptural work until now. Here, too, you maneuver along the interface between fiction and reality, between the oppressive, the ecstatic and the everyday. For this work, you installed an enormous number of smaller than life-sized clones that appear to progress through the space as an anonymous, uniform mass of pilgrims, apparently afflicted by something extraordinary or fatal. What was the starting point of this work?*

Specifically for the *Fanatics*, I was thinking of doing something coinciding with the worldwide collapse of the economy. The economic crisis started a couple of years ago, and I decided to start working on it as a reaction against what I was thinking of the people just working towards a war. I've been working on the *Fanatics* for maybe two years in total, simultaneously working on other stuff and gathering a lot of background information.

In the past few years, I've been completely amazed and thinking a lot about the phenomenon of crowds, of people and how they tend to be a crowd. At the same time, I'm completely obsessed with the phenomenon of people forming a line. It's incredible how people feel a magnetic link to be joined together and create a mass. It was Carl Gustav Jung who said that there is a collective mind, that the intelligence and the capacity of the crowd is much lower than in a single person. It's as if the intelligence were divided up between all the people of a crowd. As Buñuel said: "I'm a fanatic against fanaticism." And I completely agree with him. Fanaticism is very destructive for society and for the human being, for the individual, for everyone. A crowd is very easy to control because the mass is more controllable than a single person. That's why religion, politics or sports are created: to control the individual more easily.

The title of the work charges the group with meaning: With what kind of ideology, radical notion or impassioned conviction are these Fanatics *obsessed? Is this mass movement evoked by political, sociological, ideological, or religious blindness? They are all driven by an unrestrained emotional force, so much is certain…*

I tried to create a character in order to develop a symbol of uniformity, of the crowd, of the line worshipping ahead towards nothing – it's ambiguous. I can show you millions of images of this phenomenon of crowds. *(He shows me lots of photographs and documentation on his PC …)* I've collected a lot of quite ridiculous documents: of people receiving a pop star at the airport … of children in a religious trance, which is like hell, with a boy hitting his head with a knife, people in religious self-punishment, really injuring themselves, with real blood … of marines training in North America …

of feasts of Spanish legionnaires … of parades of Chinese soldiers, several thousand boys and girls. I have also collected a lot of communist propaganda photos and pictures of pilgrims all looking the same: hundreds of men in a line all staring at the same spot, all walking in a similar manner in the crowd. In Fátima or Lourdes, they walk on the knees and in the end the knees are terribly damaged; on the Philippines they still crucify people nowadays! This is all real. They are all worshipping something, but what? They are hypnotized because they are in the crowd and they just follow the group. It's the same as supporting a football team. You are part of a group, the group protects you. As an individual, you have to make your own decisions and be responsible for them. If you are part of a crowd, you are not responsible. I wanted to create an image of an archetype of fanaticism, combining religious, military, even sports references, dressed in camouflaged uniforms.

I noticed that your sculptures are all smaller-than-life and bear the same physiognomy. They merge into a blind herd, yet they all reveal an individual facial expression and differ in regard to their gestures: They stand, kneel, crawl, and act in different physical and psychological states. A whole kaleidoscope of different faces reflecting surprise and fear, despair and pain, enthusiasm and euphoria.

Yes, in the first rows, the figures are the more fanaticized, vomiting, like in a satanic possession, because they are closer to what they are worshipping, what they are fanatical about – which is in fact nothing. Others are only a bit discomposed, again others are completely desperate, the followers a little bit less. At the end of the line, they are entirely bored and apathetic. Some of them look amazed and want to be part of this spectacle. They don't care about the others, but they are already in line – like the one with his hands in his pockets, who doesn't care at all. But after taking a few more steps, they are going to be like the others: wounded, bloody, vomiting.

It's because, as I told you, I'm dealing with the world surrounding me and at the same time I'm creating a new one. That's why I need the dramaturgy, that's why I use a different scale, another dimension. If I used the same scale, it would look like a reproduction. But I'm creating a new, a different world based on the real one. I like to watch people, but not to analyze anyone – I think that the faces and gestures really say a lot about people, about what they are thinking and what they are doing – you only have to look closely. This is what I want to show in the sculptures and also in my paintings and drawings. There is a difference between my individual sculptures and this group sculpture of the *Fanatics*. In the expression of a solo sculptures, I would like to show the viewer a certain kind of inner loneliness, even some kind of fear. They are all a little bit scared of the viewer. The viewer, then, is the intruder who is advancing into the environment. The group of *Fanatics* is more self-confident. They ignore you as a viewer, as they are completely obsessed with worshipping something.

I thought a lot about the fact that you have depicted yourself in multiple ways as a "fanatic." Why did you make yourself the leader of these clones?

I used my own face for different reasons. Firstly because – maybe it sounds crazy – but it is the most anonymous face I could find, with the fewest connotations for me. I'm also not using any other person as a model in this case, because someone might complain about calling him a fanatic (*... laughs*). I can use my own face more easily because, at the same time, I feel like a fanatic in different ways. I also wanted to bring out the fact that each of them corresponds with one state of my own sometimes fanatical, sometimes happy, sometimes unhappy mind.

Why did you dress the Fanatics *in identical soldiers' uniforms? The same military look not only blends the*

I thought about using different kinds of uniforms or just dressing them in the same way. First of all, I made some sketches, precisely drawing the anatomy to get the arms and legs in the correct position. But then I was drawing something like a little mass, a compact mass.
At a certain moment, I was quite convinced of dressing them in typical suits, like the ones bankers and politicians wear, then I thought of religious clothes. But it didn't work because there are too many connotations. Finally I tried out simple clothes, trousers and T-shirts, and painted them in neutral gray. While I was working on the faces, the idea of the camouflage pattern came to mind, because the military look is quite strong and at the same time camouflage is not only military. Beyond that, it's not only important that my sculptures are dressed in camouflage but also that they are wearing socks, but no boots, no arms, nothing else. It's totally contradictory and ridiculous at the same time – they disappear because they are not individuals, they are part of that crowd. Now they sometimes look like just one body, like one big monster.

The 80 sculptures all move in the same direction – they are marching toward their idol, toward a dramatic endpoint. When I saw the work for the first time – still with 60 figures – they virtually walked into emptiness. You had a sketchbook along in which you had gone through the different possibilities of positioning them in the planned exhibition: The Fanatics *were to be directed toward a common goal. At the same time, you sought to retain the ambivalence of the message conveyed. We spoke about it at length, and now there will be a large, extensive wall painting in the exhibition space in Mannheim.*

First of all, I consider the exhibition spaces as mental spaces. If you go there as a viewer,

(To be continued on p. 42)

FANATICS…

Es gibt in der spanischen Kunstszene
wohl kaum einen anderen Protagonisten
mit einer derart prägnanten Sprache und
einem solch individuellen Universum wie
denjenigen des Künstlers Enrique Marty. Er
ist daher zweifellos eine Schlüsselfigur, wenn
es um das Verständnis der Entwicklung
zeitgenössischer Kunst in einem Land geht,
das eine eigentümliche ikonische Geschichte
besitzt und eine Tradition der Konstruktion
und Auffassung von Bildern, die sich vom
Kontext der abendländischen Kultur abhebt.
Dieser lange Prozess nahm maßgeblich
im Mittelalter Gestalt an, fand seinen
Höhepunkt im Barock und führte später
zur Entwicklung der einzigartigen Welten
großer Künstlerpersönlichkeiten wie Goya,
Gutiérrez Solana oder Buñuel.
Enrique Marty schafft seine persönliche
Welt dadurch, dass er mit seiner Kunst
an diese Tradition anknüpft. Sie weist
einen hohen Grad an nonverbaler
kommunikativer Spannung auf und in
diesem Zusammenhang kann von visueller
Intensität gesprochen werden. Um dies
zu verstehen, müssen wir uns die Welt
als eine große Bühne vorstellen, auf der
sich die Komplexität des Lebens entfaltet,
das immer auch einen ‚anderen' Raum
beherbergt; einen parallelen Raum, der den
konventionellen Vorstellungen einer jeden
Epoche weit voraus ist.
Fanatics ist eines der Hauptwerke in Enrique
Martys bereits umfangreichem Œuvre.
Es kommt darin zu einer Verdichtung
seiner eigentümlichen Welt und seines
gleichbleibenden Diskurses, der auf der
erneuten Lektüre des Finsteren in der
Geschichte menschlicher Darstellungen
basiert. Die Arbeit kombiniert Anspielungen
auf mittelalterliche Retabel, auf ekstatische
barocke Skulpturen und die mediterrane
Tradition der festlichen Maskerade, auf
B-Movies, zeitgenössische Fantasy-Literatur
und ganz allgemein auf alles, was die
nicht-kanonische Seite der abendländischen

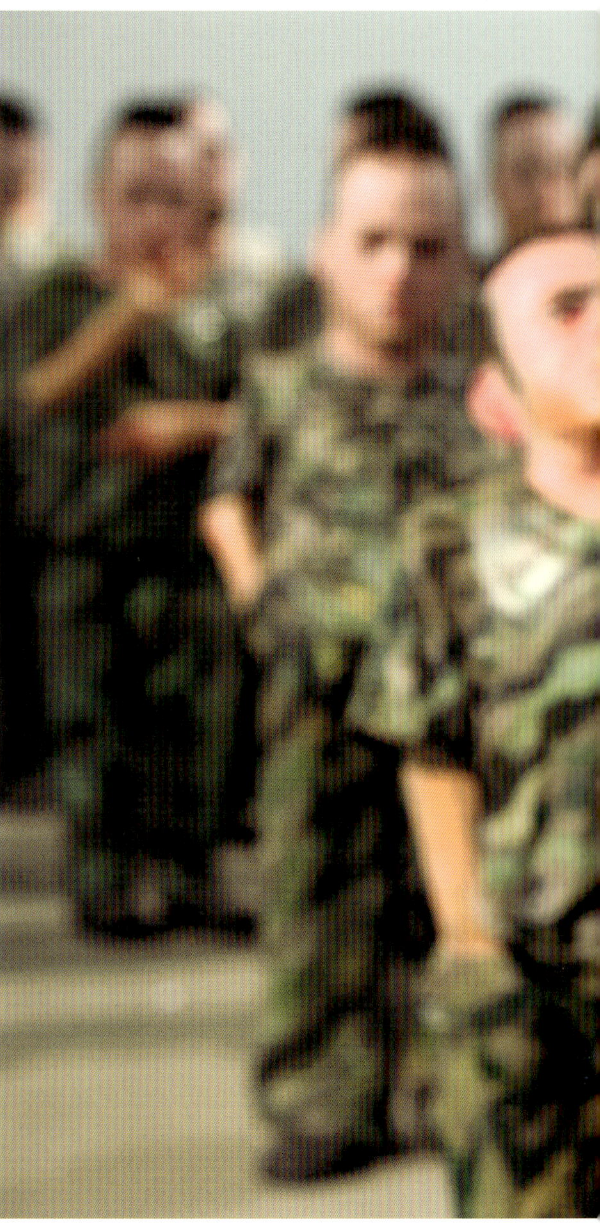

Kultur hervorgebracht hat: das Kranke, das
Perverse und das Monströse.
Durch die Verwendung von 60 Figuren,[1] die
wie Klone alle sein eigenes Gesicht tragen,
stellt der Künstler eine große Prozession von in
Camouflage gekleideten Personen nach, eine
wahre Armee von Fanatikern, Menschen, die
durch etwas Unfassbares in Ekstase geraten,
die sich blindlings diesem Glauben zuwenden,
die vor etwas Höherem in die Knie gehen,

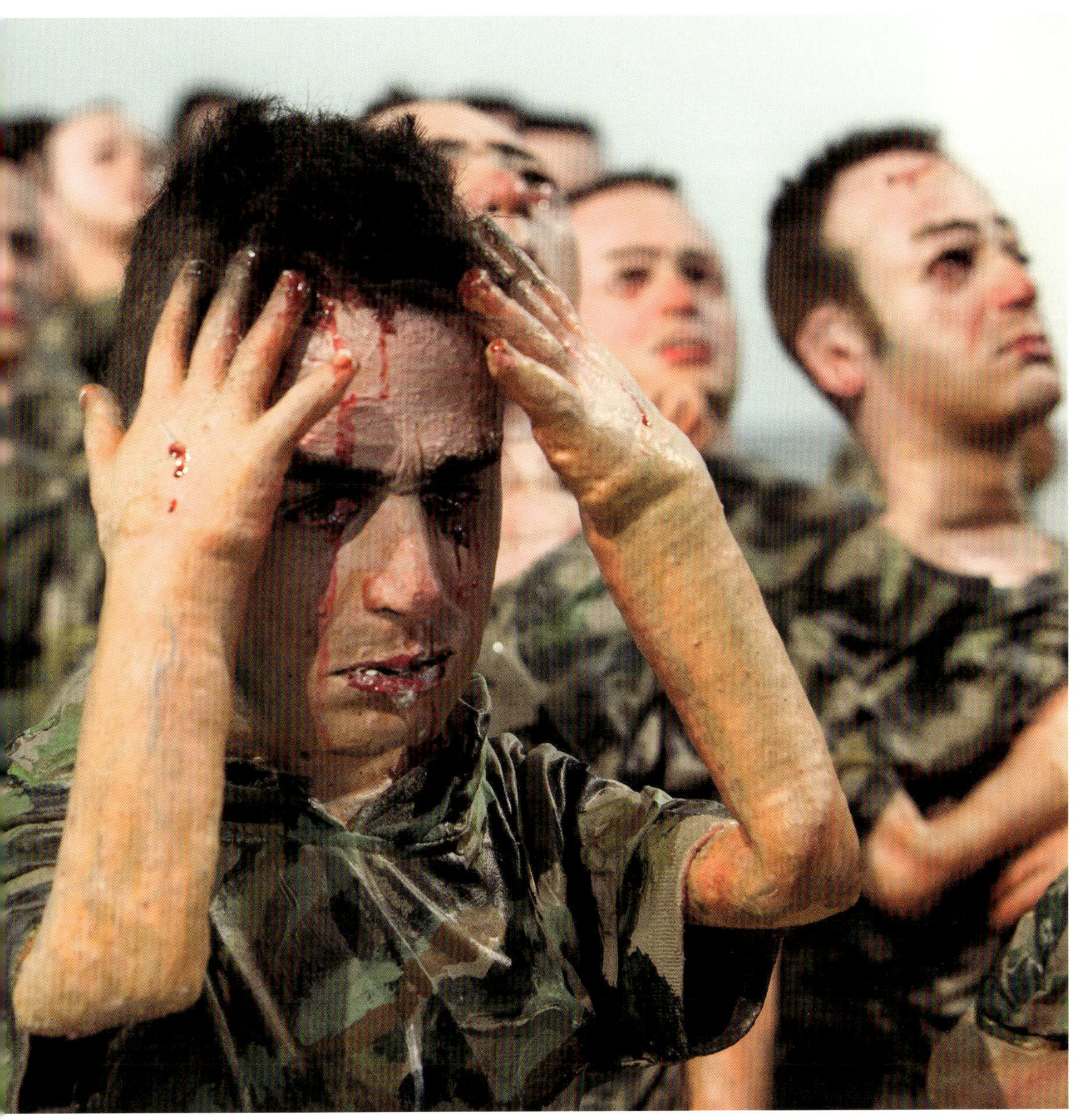

etwas, das sie in Untertanen verwandelt. 60 Klone stellen eine Welt dar, die immer noch angetrieben wird durch blinden Glauben, durch festgefahrene Überzeugungen und entfremdete Ideologien, durch Projektionen auf andere Menschen oder Dinge, die letztlich das menschliche Wesen endgültig außer Kraft setzen. Der Eingang des Tempels von 60 Toten übersät, 600.000 marschieren Richtung Grenze, 6.000.000 Fans bei einem Konzert, 600.000.000 Gläubige: abstrakte Zahlen, die wir täglich als Nachrichten lesen, nicht zu fassen aber dennoch ungeheuer machtvoll. In einer Welt, die versucht, es sich zur grundlegenden Aufgabe zu machen, die Würde des Individuums wiederherzustellen, scheint sich im Nachhinein alles zu einer Dualität von Menschen/Zahlen zu verdichten, mit der wir gewohnt sind zu leben. Doch gleichzeitig beängstigen uns diese Zahlen, denn wir

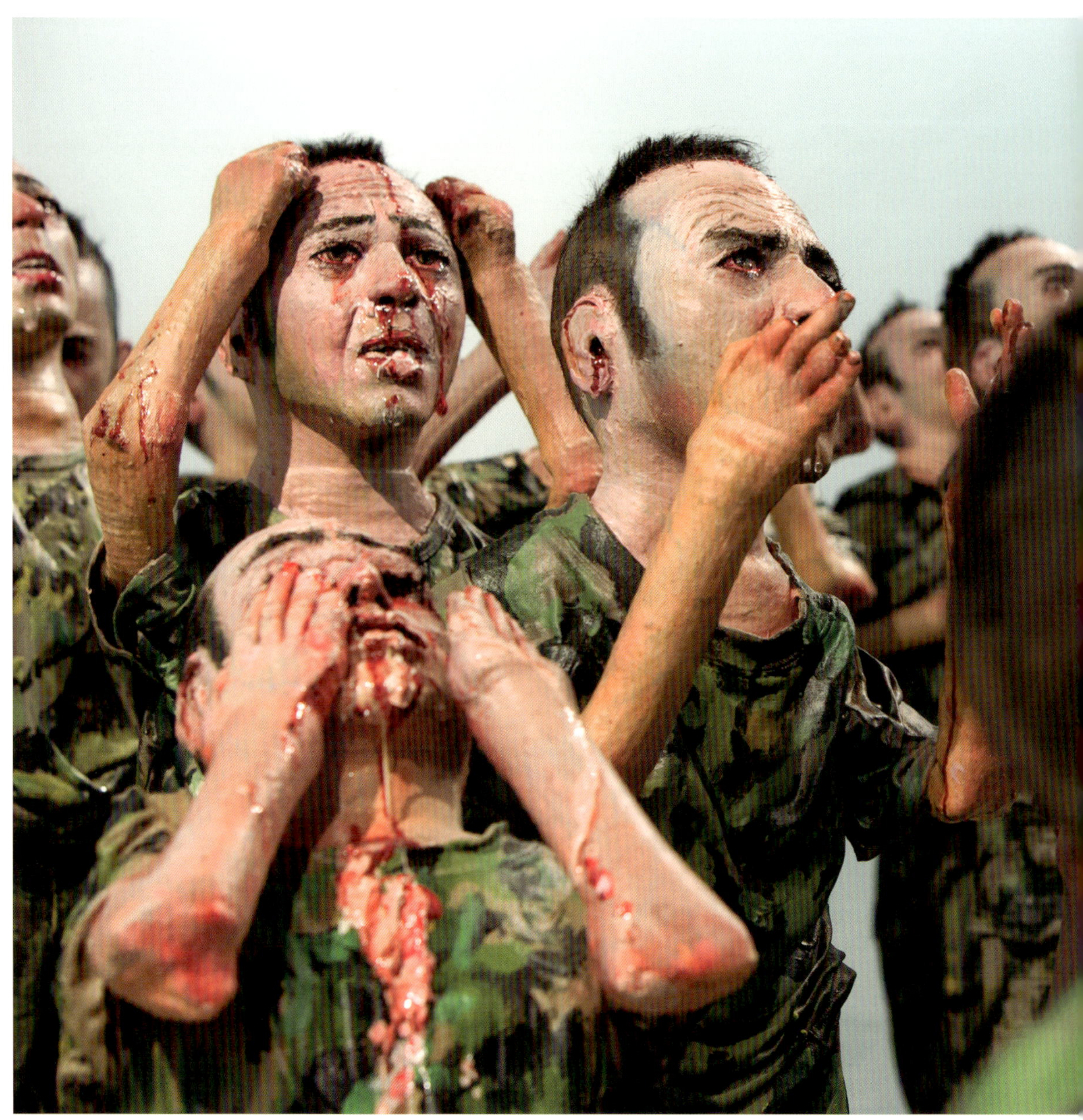

wissen: Es gibt diese Abertausend Soldaten, diese Millionen Fundamentalisten. Unzählig sind diejenigen, die auf dem Tempelplatz in die Knie gezwungen wurden, diejenigen, die Frauen versklaven und Menschen, die nicht konform sind, töten. Und wenn wir uns deren Zahl vergegenwärtigen, ergreift uns die pure Panik. Während der einzelne Fanatiker einer ist, der in der Wüste betet, bilden viele Fanatiker ein Meer, in dem wir ertrinken und das wir nie überqueren können. In der Verwendung von Besessenheit als konstruktivem Mittel, entwirft Enrique Marty in *Fanatics* das Bild eines Terrors, der an der menschlichen Seele zu haften scheint: die Bedrohung der Gruppe, die allmächtige Formationen bildet; Formationen, die Berge versetzen, aber auch die Integrität des Menschen gefährden können. Mit seinem eigenwilligen, zwischen Groteske und Barock

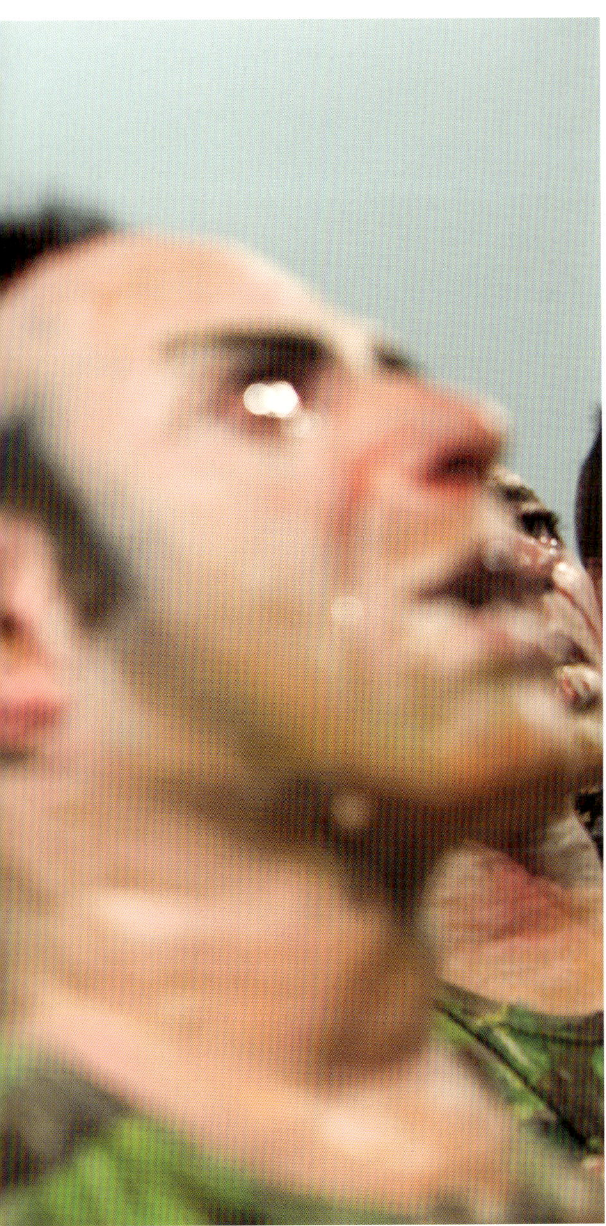

Rafael Doctor Roncero (geboren 1966) studierte Kunstgeschichte in Madrid. Er leitete den Espacio Uno des Museo Reina Sofia in Madrid und bis 2008 das MUSAC, das Museum für zeitgenössische Kunst in León. Mittlerweile ist er Direktor der Fundación Santander 2016 und verantwortlich für die Bewerbung Santanders zur Kulturhauptstadt.

FANATICS…

Hardly any other artist with a language as defined and a personal universe as unique as Enrique Marty's is to be found in the Spanish arts scene. As a result, he has, without a shadow of a doubt, become crucial to understanding the development of contemporary art in a country with a peculiar iconic history and a tradition of constructing and understanding images that stands apart in the context of occidental culture. It was a long process that took shape during the Middle Ages and reached its pinnacle in the Baroque, later leading to the development of the unique universes of major figures such as Goya, Gutiérrez Solana or Buñuel.

Enrique Marty creates his personal world by assimilating that tradition into his art, which is characterised by a high level of non-verbal communicative tension - we can certainly talk about visual intensity in this respect. For this to be understood, we have to imagine the world as a big stage where the complexity of life unfolds, but which always harbours 'another' space as well: a parallel space far in advance of each era's conventional perceptions.

Fanatics is one of the principal works in Enrique Marty's already extensive oeuvre, where he has condensed his peculiar

changierenden Stil, baut der Künstler eine grandiose Brücke zwischen antiker und zeitgenössischer Skulptur.

Wie in allen Werken von Enrique Marty begegnet uns auch hier eine Geschichte mit offenem Ende, der wir nichts hinzufügen müssen als unsere eigenen Gefühle und, vor allem, unsere eigene Furcht.

Rafael Doctor Roncero

world and unchanging discourses based
on a reappraisal of the sinister in the
history of human representation. The
works combine allusions to Mediaeval
retables, ecstatic Baroque sculptures, the
Mediterranean tradition of the festive
mask, B movies, contemporary fantasy
literature and generally anything derived
from the non-canonical aspect of occidental
representation: the sick, the perverse and the
monstrous.

Using 60 clone-like figures[1] all bearing
his own face, the artist recreates a large
procession of people dressed in camouflage
gear – a real army of fanatics, people driven
to ecstasy by something intangible, turning
blindly towards that belief, bending the knee
before a higher power that transforms them
into its subjects. Sixty clones depict a world
that still runs on blind faith, deadlocked
beliefs, alienated ideologies, projections onto
others and other things that will eventually
abrogate humankind for once and for all.
Sixty dead bodies litter the entrance to the
temple; 600.000 march towards the border;
6.000.000 fans at a concert; 600.000.000
faithful: all abstract numbers that we read
in the news every day, incomprehensible but
incredibly powerful. In a world that tries
to make the restoral of a human being's
individual dignity its fundamental aim,
everything seems in retrospect to boil down
to the duality of people/numbers we are
used to living with. However, at the same
time, these numbers scare us because we
know there are thousands and thousands
of soldiers and millions of fundamentalists.
Those kneeling at the temple square cannot
be counted, nor can those who enslave
women or kill those who do not conform.
And when we realize how many they are,
we break into pure panic. Whilst a single
fanatic is one who prays in the desert, a lot
of fanatics form a sea in which we drown
and that we can never cross. Employing
his obsession to constructive ends, Enrique
Marty creates a picture of terror in *Fanatics*
that seems to cling to the human soul: the

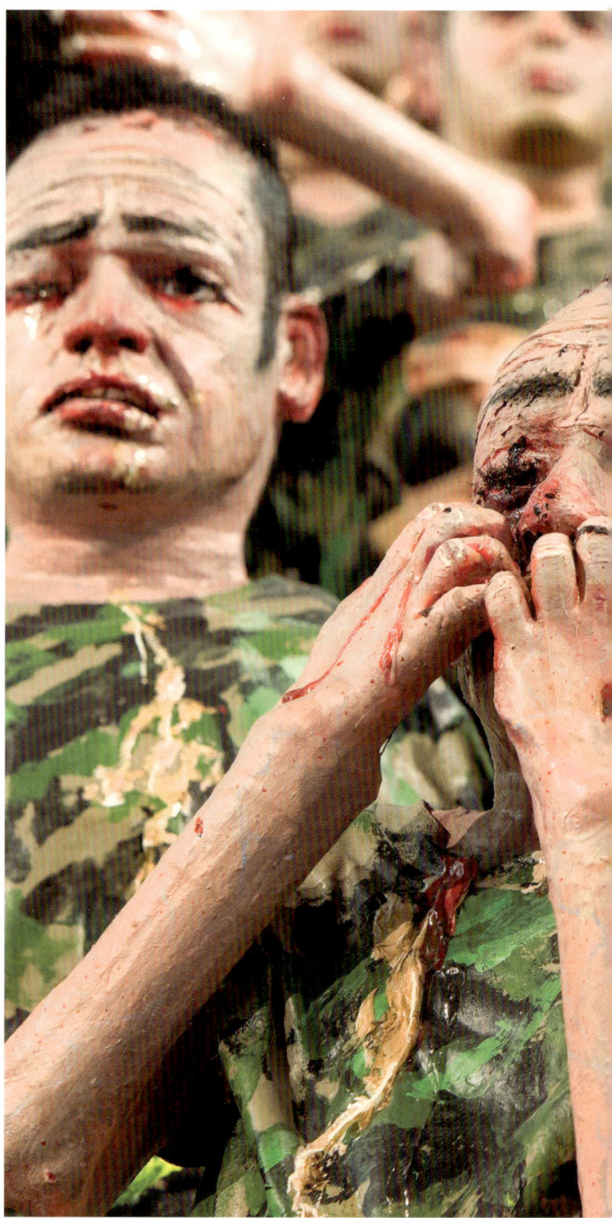

threat of the group that forms almighty entities
– ones which can not only move mountains
but, in particular, can also compromise human
integrity. With his idiosyncratic style oscillating
between the grotesque and the Baroque, the
artist builds a magnificent bridge between
antique and contemporary sculpture. As in all
of Enrique Marty's works, we are confronted
here with an open-ended story, to which we

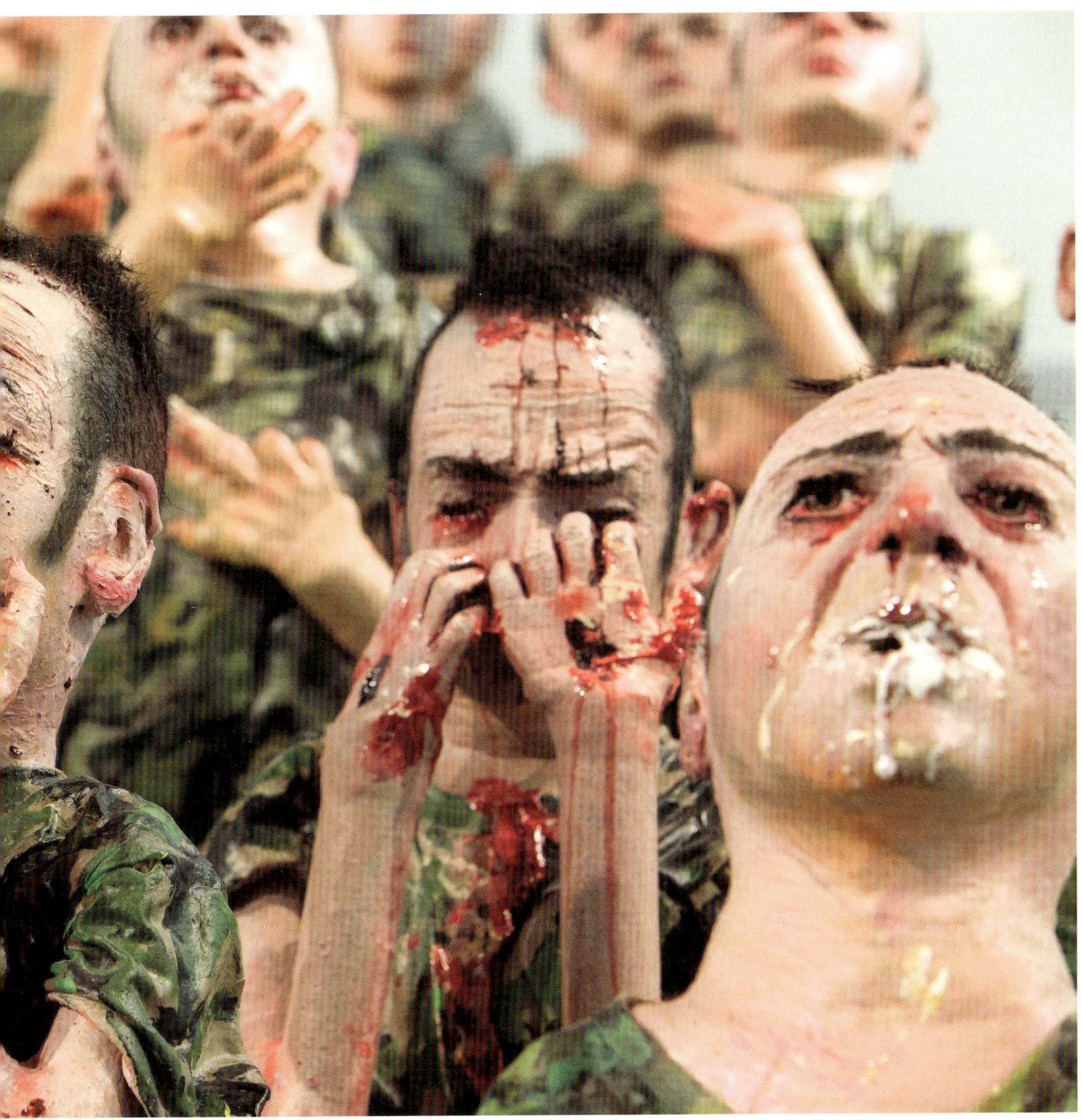

only need to add our own feelings and, above all, our own fear.

Rafael Doctor Roncero

[1] At the time of writing, *Fanatics* consisted of a group of 60 sculptures. It was expanded by 20 additional figures for an exhibition at the Kunsthalle in Mannheim.
This principle of a work-in-progress, which takes in expanding, supplementing, altering and combining different works and work phases – although different media could also be used – is one Enrique Marty frequently employs.

Rafael Doctor Roncero (born 1966) studied Art History in Madrid. He was director of the Espacio Uno of the Museo Reina Sofia in Madrid and until 2008, of the MUSAC, the Museum of Contemporary Art in León. At present, he is director of Fundación Santander 2016 and responsible for Santander's application to become European Capital of Culture.

you are invading this new work. You are the foreigner there, as the sculptures are occupying this space. Among all my ideas about the *Fanatics*, I always imagined there being something weird at the end of the line, like a guillotine or a hole, where you commit suicide by jumping like the lemmings. In the end, it's more powerful that the viewer himself can imagine what is happening there. But instead of letting the crowd fade into nothing, it is prolonged on the walls. The idea is to have the first fanatic, the first sculpture, almost touching the wall. And I regard the painted prolongation as a line of its own thoughts. I always think of the wall paintings as ghosts, as thoughts that are so strong that they adhere to the walls like symbols. There's a movie by the Italian director Dario Argento called *Profondo Rosso*, which I really love. One medium in the film says that she can feel thoughts; she feels the thoughts of other people like a spider in a web. It's like the way thoughts are put together in comics. I use this kind of symbol to represent these obsessive ghosts' thoughts on the walls. The *Fanatics* are thinking about themselves again and again, all the time. All around, we are surrounded by their thoughts about themselves in an endless loop.

In your watercolors, which you have done as studies, one sees an endless chain of figures whirling about each other – originating from the sculptures, they will span all four walls of the space and involve the viewer in the events.

It's like a monster, like an obsessive and repetitive thought that is so attached to your brain that it cannot be removed – like violence, sexual obsession, killing, religious obsessions, really stupid obsessions. Art portraits of existing soldiers inspired me; at other times I used posters as homage to Goya or other painters. There is also a guillotine that represents my own obsession with it. The *Fanatics* carry the guillotine in the same way as the angels in the Sistine Chapel carry the cross. Some of them are wearing a camouflage outfit like the sculptures, others look like kings with golden crowns – being Spanish, it's quite strong to combine kings and guillotine. The installation will be a mental space divided into an outside space and an inside space, into your relation with the world and your relation with yourself.

In your work in general, the relationship of space and time plays a crucial role. At first sight, the spatial and temporal situation of the installation of the 80 Fanatics appears ambivalent – various approaches and interpretations are possible: Is a procession of an anonymous mass of like-minded persons set in motion here? Or are we looking at the different degrees of assimilation of an individual like in time-lapse?

It's a very interesting approach, I have thought about it a number of times but never talked about it. Remember the *15 Fathers*, for example, also a group of figures with the same character: 15 sculptures of my father standing in a line. They all have exactly the same shape, but their color changes gradually from black to white. In this work, I wanted to create a special effect: if you look at it in an exhibition room from one specific point of view, you will only see one figure, but if you move a little bit, you will see all of them. At the same time, they are in the decreasing line in order to work with the idea of space and time, since it's the same person in different times. In documentaries on time and space, scientists often talk about time travel. They take a person and divide him into a lot of time periods. I wanted to play with this – it's the same character divided up over a long period of time so you can see the same character at different moments.

I regard narrative openness and ambiguity, subjecting the viewer to a feeling of insecurity, as further characteristics of your work. This mainly has to do with the selected moment in time at which your figures act in both the paintings and the three-dimensional pieces. They move through time and space as if the climax were already behind them or as if they were on the verge of the actual catastrophe.

It's true, I never show the climax. It's the moment afterwards or beforehand. As a very typical example, I did a series of paintings called *Shame, Humiliation*. In these watercolors, there are only empty rooms, mostly bedrooms, with only a bed. You feel as if something had happened one minute ago, or something was going to happen, or something was happening behind the viewer's eyes: spilled milk, a single shoe, three nails, traces of blood. That's what I mean, you feel something is going on even without showing it. It seems obvious that something weird is happening. I always want to be ambiguous in order to let the viewer figure something out that surely is more interesting than what I'm thinking. Ambiguity is very important for my work. I even ask the viewer to work, not only to perceive, linger or walk around.

The encounter with your works is indeed a total experience. In the past years, you have repeatedly collaborated in theater productions and designed stage sets. I recall the photos you showed me of your works for the Teatro Pradillo in Madrid, sculptures that later reappeared in the context of exhibitions. Everything is laid out as a Gesamtkunstwerk, in which you combine the modes of depiction of fine art, theater and film. Where do the interfaces between the world of theater and the fine arts lie for you?

I think there is a strong relation between art and theater. In theater, I only worked with sculptures and collaborated with people who have a complex concept. First I did a theater piece together with José Carlos Plaza and then with Angélica Liddell. We always talked a lot about the concept and discussed it. I think the connection is very strong because, when you visit an exhibition room, you see something that is filled with dramaturgy; it's like in a theater. Maybe there are no actors, but it is a theater. The artist creates something that didn't exist one month earlier and will only exist for the viewer in a certain time period. So the connection is the dramaturgy, which is important for creating an environment that attracts and imparts something to the viewer. Even a church is a theater for me.

Yes, your works and installations resemble a world theater in which the viewer is invited to reflect: Personal experiences, individual fate and the overall human drama are combined to a cycle of everyday psychological pathologies. In many exhibitions, your sculptures, paintings, drawings, and videos are arranged in such a way that they create a common space of images and experience. What status do you assign to the different artistic disciplines in your work?

It's very simple in my case: I only have one work. The medium is not important for me because I work in every media all the time. Like in a circle, I even try to reproduce the painting process in the process of sculpturing: Maybe the idea came from a Polaroid photo – the Polaroid photo is the subject I copy in the painting, the sculpture comes from the cast of a model and then I take pictures again. Even my sculptures are painted in oil or acrylic. I don't think: "Now I'm doing a sculpture, now a painting." One general idea is floating in my head all the time, so I only have one work! It is divided in pieces and it's continuous, but it's only one single work.
I started with watercolors and pencil drawings – I kept a lot of them. Then I started with oil painting and then with sculptures. At the moment, I'm more attracted to sculptures; on the other hand I'm still painting a lot, not only with oil or acrylics but also with watercolors, partly in series of 6.000 sheets. I also like to use different styles in painting. One is a very elaborated, Pre-Raphaelite style, the other is more sketchy.

Your work evolves like a multiple networked work-in-progress: You treat individual elements like fragments which you combine to form new groups of works and transfer to ever new spatial and content-related contexts.

When creating a work, I take let's say
the visual and twist it – I envision all my
surroundings and twist them. Then I remove
the pieces and put them back in different or
maybe the same places. You use the same
works and construct other sentences with
them to reorganize things, to bring out
new aspects. It's like using a comparison
in one sentence and then using it again
in a different context. First I show *Luis* in
one environment and then I show him in
another, for example, together with a movie.
He will remain the same in a certain way.
In general in my work, there is a relation
to everything, to the inner and the outside
space, and to all the other elements. What
I seek to develop is quite cosmological and
complex. So my work is not growing in one
direction, it's growing all the time, from the
center.

*Let's take Luis as an example: He exists in your
work as a three-dimensional body, he appears in
drawings and can be seen as the protagonist in an
animation film. The sculptural counterpart of the
real Luis will also travel to Mannheim and is in
many respects a particularly impressive and dramatic
specimen of man as a species in your oeuvre. Not
only because* Luis *is life-sized, but also because he is
naked – he is an antithesis of the group of sculptures*
80 Fanatics *while at the same time corresponding
with them.*

Yes, I feel there is a very strong relationship
between the *Fanatics* and the sculpture of
Luis. I see them as showing the same thing in
two completely different ways of depiction.
Luis is impressive, physically and mentally.
So I'm talking about the person of Luis and
at the same time about the general inner
anger. In a certain respect, it's another way
of dealing with fanaticism.

*Luis' monumental body has the effect of a screaming
black box. Along with his clothes, he has also
shed the mystery of internal emotion and turned it
outwards. His inner screaming appears on his skin,
in his tense posture, his eyes, his entire expression.*

*In addition to the sculpture, you have also proposed two
watercolors depicting Luis for the show – in one of them
he pulls a chariot with a heap of skeletons behind him.*

I think the British have this saying that
everybody keeps a skeleton in the wardrobe.
That means that everybody has something to
hide. You think, "He has a skeleton? Where
is it?" Maybe unconsciously, but the skeleton
of Luis is very much hidden by his body. In
Spain, there is another saying: If someone puts
something towards you that is a problem, we
say: "What a big dead corpse that someone
has put on you." This is because in medieval
times, one of the most terrible punishments
was that you were free but tied to a dead body
on your back. Playing with these sayings, I
was imagining him carrying this skeleton on
his back. He is hiding a lot of stuff, for he is a
reserved person, not open at all.
Luis is mostly flesh, I found it very suggestive
that in the sculpture there are no bones. He has
the gesture of carrying something, but he isn't
carrying anything. We discussed where to put
the two watercolors, *New Subjectivity* and *Sack of
Bones*, showing *Luis* somewhere nearby in the
collection room, like a hint for the viewer to
make the connection, to recognize the same
character, to make the connection that the
chariot full of bones is there.

*Luis has a corporeal presence that will isolate him
from his famous neighbors in the collection room of the
Kunsthalle – the sculptures of Rodin through Lehmbruck
and Maillol all the way to de Fiori. I regard him as the
epitome of an antiheroic sculpture. What connection do
you see between* Luis *and the sculptural designs of your
artistic forefathers of the past decades?*

I think it's an interesting play because all of
them represent human bodies in different
materials – in stone, metal and bronze. *Luis*
is made of a completely different, new and
synthetic material, even with hair and paint.
But most of the sculptures are female, which is
an important fact for Luis, who plays the role
of an independent person for whom women

are only a burden – except for one male figure by Ernesto de Fiori that is very thin and poetic, his posture is a little bit feminine. At the same time, *Luis'* code of representation is completely different from that of the group of classical sculptures. *Luis* is the most alive figure and the closest to a real human being because of the colored surface and the hair. The viewer will be a little bit confused, because he is going to consider *Luis* as a sculpture but at the same time as a real human being. *Luis* is going to be standing there without a pedestal, that's different, looking quite pathetic and absolutely not heroic. If you are naked and wear socks, you are even more naked. It's part of anti-heroic sculpture. I hate the figure of the hero, I think it's a mediocre and quite controversial figure. So *Luis* is going to be with them, it's the perfect environment for him, enjoying the company and at the same time being paranoid of them.

I grew up in the city of Salamanca, this altar here (*we are sitting on the stairway at a window of the Convent of San Esteban*) is familiar to me. It was very important for me to grow up in a city with a lot of churches full of sculptures and paintings. I can see a column behind you filled with flowers carved in the stone. And if I look to the ceiling, I see a wonderful decoration and that sculpture of Maria Magdalena. And I've had this background since I was small. More than being a very strong influence specifically from the country of Spain, it is a mixture of influences from the Spanish art and mentality,

and both the Flemish baroque paintings and the German primitives. Like a lot of artists today, I also feel deeply connected to Goya. I don't know why. Goya is so Spanish, and most people who feel connected to Goya are not from Spain. In Spain it's not so common to say that you feel connected to the work of Goya, because it's so close. I think that Goya was not specifically journalistic, but one period in the history of Spain is explained by Goya. He not only painted the kings and all the important people, but also a lot of normal people at that time. He painted historical events as a witness. Yet he wasn't only a historical painter but a very critical one. He didn't take the part of one side or the other. That's why I feel a connection to Goya. Furthermore, it's because I really like his point of view, the way he develops what he thinks about society and all the people around him. If you see a portrait by Goya, you immediately feel you know whether he liked that person or not. He lived in a very compulsive moment for the Spanish country.

The surface is everything! Showing a sculpture that is not painted is nothing for me. I reduce the sculptures, paint the faces and put clothes on them. The painting is the most important part! I can take a cast from another person, take a picture of you and then paint the sculpture so that it looks like you. Sometimes people say my works are like imperialistic sculptures or paintings. Not at all! If you look closely, the figure of *Luis* is painted like a painting. But I don't try to imitate the surface and I also add layers of transparent latex to create the skin, the core – almost like a taxidermist. I learned this technique from a real taxidermist who showed me all his stuff. Then I use real hair and real clothes and finally I paint the skin. When I paint this layer of latex again and again, it's like the technique the primitives used in painting their temples. They never mixed the colors on a palette but did so optically, because they also used transparent layers, first painting the dark shapes and applying the light colors afterwards – just as I do.

During my last visit to your studio, you showed me how complex and time-consuming the creation process of each of your sculptures is. It almost appears as if casting your models, repeatedly reducing the dimensions of the forms, working on the surfaces, and finally painting them were a ritual.

It's a ritual not only because I learned the process from the taxidermist. I think that casting a person means that he or she was there – I had a relation with that person. I possess the space of that entire body. I'm the owner of that space and when I'm working on the sculpture, I have a very peculiar feeling. First, I take the plaster and then the next one until I have to put all the pieces together, work the surface again and again, because the cast is never perfect. Then I have to paint your picture on the sculpture, looking at your eyes and nose every day – but it's never a simple reproduction. This sculpture is made for a specific purpose, for a work I'm creating. And sometimes, after six months or a year, when I meet this person again, I always say something like: "Look at you, you are here, you are moving." It's like seeing someone famous.

Your iconography is a conglomeration of elements drawn from inner and outer reality. Realistic, grotesque and baroque details are blended together, private and political mythologies are combined with art-historical and everyday fragments, and independent movies mingle with comic scenes.

Who are the protagonists of your paintings, sculptures, drawings and video works?

Everyone. Mostly I painted a lot of people I know. At the beginning, I started to work with my family and my closest relatives – now I'm open. So I even used the figures of my father and my mother as a symbol for everyone's parents, something that immediately connects to and recalls your own thoughts and memories. Sometimes I created a work around something that had happened to someone by working with symbols and twisting what had happened. I try to create a whole world: Sometimes one character finds another one and then they play different roles. I see Luis as a character in my world now. I deal with all of this in order to represent feelings, I empathize with that person and sometimes I want to say something to him. At times I even use pictures taken from the Internet but in general they are related to a specific idea, or I feel attached to images of other people in a certain way – it sounds a bit silly, but the Internet is part of the family.

In our exhibition, we will also install an animation video entitled The Birth of Tragedy II. *It features your mother in the leading role, playing with a mask. Masks are a traditional motif in Spain and one that often recurs in your works as well – they offer the viewer the possibility of imagining himself in the masked figure and entering into an illusory world, as you have conceived it in the role play with your parents.*

I work a lot with masks. The mask has always been an important symbol for me. As a child, I was disguised myself behind a mask as a kind of protection and to hide completely. In *The Birth of Tragedy I*, we see my father with another mask. The two parts are based on the book by Nietzsche. They play with the antagonism of Tragedy and Comedy. I wanted to do two parts because I really like this dualism. For me, maybe the part with my father is more tragedy and the other is comedy. In other works, I repeated this many times with my mother: She removes the mask of a grotesque face and adopts the same face afterwards. Here she does the same. The

Joker is smiling and she removes the mask and she is smiling. I bought two disguises, one of "Batman" and one of "The Joker" and gave them to my parents as a present. "Batman" to my father, "The Joker" to my mother. In the end I didn't use the Batman mask but gave my father a Venetian mask. It was, well, not shocking for them but ... my mother told me that she preferred being Batman. It's interesting that you are a completely different person when you wear a mask, you feel indestructible while wearing it. I have often represented movements or performances in series of paintings. Doing the watercolors for the movies, was one step beyond working on drawing series.

"Art and nothing but art! It is the great means of making life possible, the great seduction to life, the great stimulant of life", says Friedrich Nietzsche, who plays a role in some of your other works. Did you read Nietzsche in Spanish?

I read the Nietzsche book in translation. *Thus spoke Zarathustra* is one of my favorite books. Originally that was one of the main reasons for me to learn German, but it was too difficult. For me Nietzsche is a very fascinating figure. First of all, if someone says, "I'm the most important philosopher since Aristotle, I'm going to change the whole of philosophy from the beginning" to me, there are two possibilities: either this guy is a complete idiot and pretentious, or, as in this case, it's true! If someone says that and it's true, you have to be careful with this guy because maybe he's right. I find his history fascinating. His work is so contradictory, it's incredible. He says the most important musician is Wagner, and he wrote a book against Wagner. It's incredible. I could talk a lot more about Nietzsche…

With your work, you present to the viewer a repertory of cruelties and grief: sexual violence, missing children, burnt female extremists, wounded creatures, and bizarre mutants. What fascinates you about this kind of non-canonical depiction of the human body?

In a certain way I'm attracted by the dark side, but because it's more interesting in the cathartic way. First of all, I believe in catharsis, it relates to unheimlich. If you are in Dracula's castle and something weird happens to you, it's kind of normal. But if you are at home and something weird happens to you, it's cathartic because you don't expect that stuff. When you get over it, you experience catharsis. Such an experience is like medicine. Freud wrote a lot about this, and I completely agree with him. At the same time, it's incredible that viewers feel confronted by my works. For example, the work with three children you saw in the show in The Hague – that was not the first time I showed it. It was at the art fair in Madrid, where I built a kind of clinic. People I met told me: "You are a bastard, you are completely crazy. You can't do this!" But nobody understood that I had worked with a lot of pictures from the newspapers that are exactly the same. If people see pictures like this in the newspaper, they think how terrible it is, but on the following page there's an advertisement of Armani with a very beautiful woman. Sometimes people think that I'm talking about stuff I love. That's completely absurd. I want to create confrontation. I want to put the viewers in front of a very real representation of what they see in the newspapers every day and don't care about. When you put the same picture in a museum or an art gallery, everything changes. It's very powerful there. I believe that art, the power of art, is very strong.

You frequently operate with voids – with details and sketchy backgrounds. The viewer is not able to decode all information at first glance, and contexts remain hidden. Is one witnessing an everyday occurrence here or is something uncanny going on? In my opinion, it is a decisive constant in your work that, in the end, the projections of the viewer, his or her own thoughts and obsessions, emotions and fears are evoked – something seething under the surface, something lurking around the corner suddenly becomes present.

I've met a lot of people with a lot of obsessions
in my life. I think it has something to do
with being Spanish. In Spain, people live
with obsession all the time. Remember what
Freud said to Dalí, who was very interested in
meeting him. Freud said that Dalí was the most
typical example of a Spanish guy, so fanatical.
Also, if you study the history of Spain, it's
full of fanatics and obsessive people, like the
Conquistador Lope de Aguirre, who tried to
conquer a whole continent. Even I consider
myself an obsessive person in a healthy way. But
I control my obsessions and, because of working
on them a lot, I feel completely cured. I really
like to observe and study people, their behavior
and everything. There are a lot of complex but
at the same time very simple links between these
ways of dealing with people. This is all about
obsession.

Stefanie Müller

Stefanie Müller (born 1979) studied Art History and
Archeology in Heidelberg and has been curator for
scuplture and new media at the Kunsthalle Mannheim
since 2008.

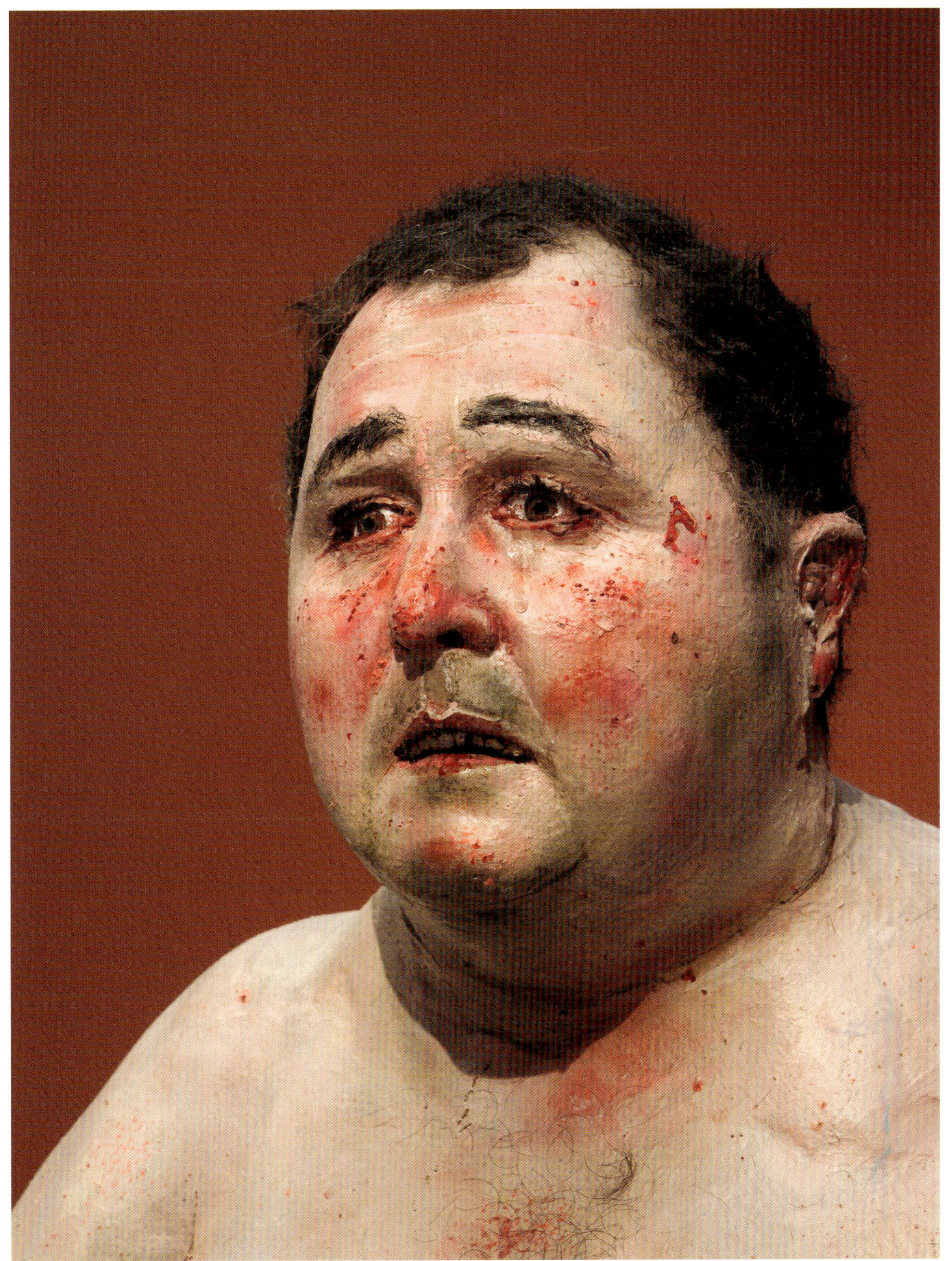

BRIEF AN ENRIQUE MARTY

Im Jahr 1970 – ein Jahr nach Deiner Geburt – realisierte Werner Herzog den Film Auch Zwerge haben klein angefangen. *Der Film ist eine Metapher für die menschliche Existenz und zeichnet in ausgesprochen ästhetischen Bildern eine Vision, in der gesellschaftliche Themen, Gefühle und Mechanismen offen und roh zutage treten. Diese Apokalypse der menschlichen Seele wird von Zwergen gespielt. Alle Darsteller sind tatsächlich Liliputaner, und sie sind es, die die Grausamkeit und die artikulierte Psychologie des Films auf den Zuschauer übertragen. Jedes Mal, wenn ich mit Deinen Arbeiten konfrontiert werde, erinnere ich mich unvermittelt an diesen Film. In beiden Fällen sind Radikalität und Verführung in ein künstlerisches Werk gefasst und lässt die Turbulenz der Bilder den Betrachter verstummen. Die meisten Begegnungen mit Deinen Arbeiten waren – genau wie die Begegnung mit dem Herzog-Film – unangenehm. Damit meine ich, dass mich der Dialog mit Deinen Skulpturen, Malereien, Zeichnungen oder Videoarbeiten selten losgelassen hat. Die Arbeiten haben mich gezwungen, eine Haltung gegenüber dem Vokabular des Alltags, gegenüber der Kunst und der menschlichen Ambivalenz einzunehmen. Es liegt nahe, Deine Werke beispielsweise mit Otto Dix in Verbindung zu bringen. Auch er hat eine scharfe, penetrante Malerei mit einer poetisch-soziologischen Relevanz hervorgebracht. Deine Arbeiten aber infizieren die Wahrnehmung bis in die Tiefe mit schwarzen Gedanken und Gestalten. Die direkte Malerei wirft den Betrachter sofort in die modulierte Variante der Wirklichkeit. Denn all Deine Themen entstammen Deinem unmittelbaren Umfeld und erscheinen ‚vergewaltigt‘ als Tafelbild wieder. Deine Verwandten und Bekannten – die privaten und diejenigen aus der Kunst – sind Opfer eines Verbrechens, bei dem die Verzerrung der Wirklichkeit dazu beiträgt, die Komplexität des Menschen darzustellen. Und so ist auch das eigene Ich (das Selbstporträt) Objekt eines radikalen künstlerischen Handelns.*

In der Skulpturengruppe Fanatics *sieht man eine Ansammlung kleiner Figuren im Camouflage-Outfit. Jede einzelne dieser Skulpturen trägt Dein Gesicht, aber mit einem jeweils anderen Gesichtsausdruck. Der Titel der Arbeit deutet schon an, dass es hier um die Verwandlung des Individuums in ein folgsames hysterisches Wesen geht, das höheren Kräften gehorcht. Die Tradition und die Introspektion des Selbstporträts werden in eine engagierte Arbeit überstetzt, in der Skulptur und Malerei sich vermischen, in der Masse und Individuum verschmelzen, und in der die Haut der Figuren zum Tatort eines direkten Malens wird. Es ist eine apokalyptische Arbeit, die visionär und ‚abstrakt‘ ein Abbild dessen gestaltet, was in der heutigen Welt aus Fanatismus entstehen kann. Als Künstler bist Du der* mastermind *der aktuellen und historischen Ikonografie, der die kleineren und größeren Tragödien unserer Gesellschaft indiziert. Jedes Bild, jeder Körper wird verzerrt, aufgeblasen und als ‚missbrauchter‘ Kadaver hinterlassen. Das Szenario der Realität wird in Deinen Arbeiten umgestaltet zum ungekannten Terror, zum Horror und zur Unruhe der Alltäglichkeit. Jeder Pinselstrich verkörpert die unerträgliche Spannung der schrecklichen Schönheit. Es ist die ganze Spannbreite der Wahrnehmungen, es sind die Innereien der gesellschaftlichen Hierarchie, die Du in einer unendlichen Lawine auf den Betrachter stürzen lässt. Dabei ist Otto Dix nicht der einzig mögliche Referenzpunkt. Ganz deutlich bieten sich sowohl die Tradition der spanischen Malerei (von Velázquez über Ribera bis zu Goya) wie auch das kulturelle Geschehen des Grausamen ebenfalls als Bezugshorizont an. Du beschwörst die Umrisse der Keller unserer Seele herauf, ein unbewusstes dunkles Konglomerat, in dem private und öffentliche Bilder sich vermischen zum Wahn der höflichen Konventionen. Deine Bilder offenbaren eine aufgeladene Unruhe, die für immer die Indifferenz aus der Welt schaffen wird. Die Kunst ist ein Verbrechen und der Künstler ist der nichts entscheidende Richter unserer Gesellschaft.*

Philippe Van Cauteren
Gera, 15. Oktober 2010

Philippe Van Cauteren (geboren 1969) studierte Soziologie und Kunstgeschichte in Gent. Er war als freier Kurator in Hamburg tätig und leitet seit 2004 als künstlerischer Direktor das SMAK, das Museum für zeitgenössische Kunst in Gent.

LETTER TO ENRIQUE MARTY

In 1970 – a year after you were born – Werner Herzog made the film Auch Zwerge haben klein angefangen *(Even Dwarfs Started Small). The film is a metaphor of human existence. Using extremely aesthetic images, it evokes a vision in which social themes, emotions and mechanisms are brought to light in an open and raw way. The apocalypse of the human soul is enacted by dwarfs. All performers are indeed Lilliputians, and it is they who convey the movie's cruelty and articulated psychology to the spectator. Whenever I'm confronted with your work, this film immediately comes to my mind. In both cases, radicality and seduction are set in an artwork, and the turbulence of the images makes the viewer fall silent. Most encounters with your work – as with Herzog's movie – have been unpleasant. What I mean by this is that the dialog with your sculptures, paintings, drawings or video works has seldom ceased to haunt me. The pieces have forced me to take a stance towards the vocabulary of everyday life, towards art and human ambivalence. A relationship suggests itself between your works and those of Otto Dix, for example, who also created an acute and insistent style of painting possessing poetical-sociological relevance. Yet your works deeply infect our perception with black thoughts and figures. The direct painting immediately casts the viewer into a modulated variant of reality. For all the themes are drawn from your direct surroundings and reappear 'raped' as panel paintings. Your relatives and friends – both private and in art – are victims of a crime in which the distortion of reality contributes to portraying the complexity of man. And therefore one's self (the self-portrait) is also the object of a radical artistic act.*

In the group of sculptures, Fanatics, *one sees an assembly of small figures dressed in camouflage outfits. Each of the sculptures bears your face, but with different expressions. The title of the work already indicates that it is about the transformation of the individual into a compliant, hysterical being that obeys higher forces. The tradition and the introspection of the self-portrait are translated into a committed artwork that combines sculpture and painting, merges mass and individual, and in which the figures' skin becomes the scene of the crime of a direct style of painting. It is an apocalyptic piece that in a visionary and 'abstract' manner reproduces that which can result from fanaticism in today's world.*

As the artist, you are the mastermind of current and historical iconography, indexing the smaller and greater tragedies of our society. Each picture, each body is distorted, inflated and left behind as a 'misused' cadaver. In your works, the scenario of reality is reshaped into the unprecedented terror, horror and restlessness of everyday life. Each stroke of the brush embodies the unbearable tension of abject beauty. It is the entire range of perceptions, the internal mechanisms of social hierarchy that you thrust onto the viewer in an endless avalanche. Otto Dix is not the only possible point of reference. Both the tradition of Spanish painting (from Velázquez through Ribera all the way to Goya) and the cultural occurrence of cruelty equally offer themselves as reference horizons. You evoke the contours of the pits of our soul, an unconscious gloomy conglomeration in which private and public images are blended together into the insanity of polite conventions. Your pictures reveal a charged restlessness which will once and for all do away with indifference in the world. Art is a crime and the artist is the indecisive judge of our society.

Philippe Van Cauteren
Gera, October 15, 2010

Philippe Van Cauteren (born 1969) studied Sociology and Art History in Ghent. He worked in Hamburg as a freelance curator and since 2004 has been the artistic director of SMAK, the Museum of Contemporary Art in Ghent.

LUIS ODER DIE LÄCHERLICHKEIT DES MONSTRÖSEN

Unsere Kunst ist ein von der Wahrheit Geblendet-Sein:
Das Licht auf dem zurückweichenden Fratzengesicht ist wahr, sonst nichts.
Franz Kafka[1]

Das Monströse tritt heute so plötzlich und unerwartet hervor wie
eine Geisterbahnfigur aus der Kulisse. Nah sind uns die Monster,
doch schwer zu fassen. Wer ist dieser „Luis"? Eine traurige, teigig-
aufgedunsene Gestalt, die erschreckt und in ihrer Hilflosigkeit
zugleich anrührt? Ein zur Karikatur verzerrter Fleischberg voller
Wundmale? Oder schlicht ein missratenes Exemplar Mensch, auf das
wir verächtlich herabschauen? Luis ist ein zeitgenössischer *homo sacer*
– wenn auch in Agonie und nicht ganz geheuer. Doch so drastisch er
auch auftritt: Luis ist eine Allegorie. In ihm verdichten sich Abscheu,
Ekel und Mitleid ebenso wie das Erschrecken vor dem Geschundenen
und Unförmigen.

Naturalistisch bemalte Skulpturen mit ausdrucksvollen Physiognomien
haben bei Prozessionen in Spanien Tradition. Auch Enrique Martys
Plastiken stehen in Verbindung mit den historischen Darstellungen
von Schmerzensmännern und den barocken Skulpturen eines
Pedro de Mena. Eines aber hat sich verändert: Die Verehrung hat
den Umkreis des Sakralen ebenso verlassen wie das Monströse. Als
Mahnzeichen weist das *monstrum* nicht mehr den rechten Weg. Was
Luis zu einem Monster macht, ist unsere Unfähigkeit, zwischen
Leid und Lächerlichkeit zu unterscheiden. Offenbar können wir
uns des Schreckens und seiner Gestalten nur erwehren, indem wir
sie maskieren und ins Lächerliche ziehen. Luis aber hat mit den
Kleidern alle Masken, alles Zivilisatorische und alle Scham abgestreift.
Er verbirgt nichts. So gerät er zum Angriff auf eine liberale
Doppelmoral, die sich hinter gesäuberten medialen Bildern verschanzt
und den Körper als Schauplatz des Politischen verschwinden lässt.
Luis steht einfach vor uns, ist nur da. Damit wir wissen: Es gibt nichts
Harmloses mehr. Wir alle sind Luis. *Ecce homo.*

Thomas Wagner

[1] Franz Kafka, *Schriften, Tagebücher, Briefe. Kritische Ausgabe*, hrsg. v. Jürgen Born, Gerhard Neumann,
Malcolm Pasley und Jost Schillemeit, *Nachgelassene Schriften und Fragmente II*, Frankfurt am Main,
New York City 1992, [4] 63, S. 127.

Prof. Thomas Wagner (geboren 1955) studierte Germanistik und Philosophie in Heidelberg
und Brighton (Sussex) und war von 2002 an leitender Redakteur im Feuilleton der Frankfurter
Allgemeinen Zeitung. Gegenwärtig arbeitet er als freier Autor für das Kunstmagazin art sowie die
FAZ und lehrt als Honorarprofessor an der Akademie der Bildenden Künste in Nürnberg.

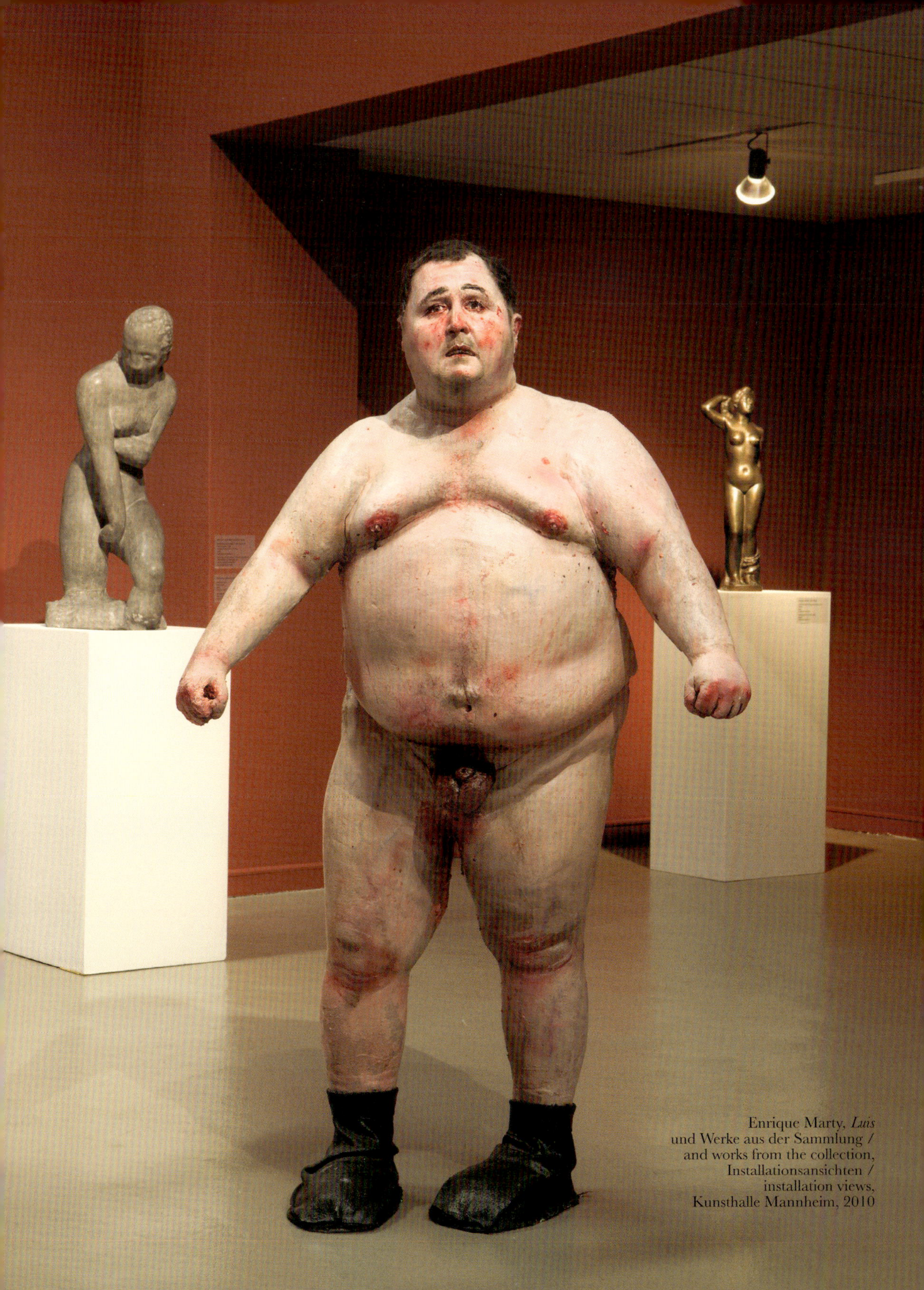

Enrique Marty, *Luis*
und Werke aus der Sammlung /
and works from the collection,
Installationsansichten /
installation views,
Kunsthalle Mannheim, 2010

LUIS, OR THE LUDICROUSNESS OF MONSTROSITY

Our art is a way of being dazzled by truth; the light on the flinching, grimacing face is true, and nothing else.
Franz Kafka[1]

Today, monstrosity emerges as suddenly and unexpectedly as a figure out of the wings in a tunnel of horrors. Monsters are close to us, yet hard to grasp. Who is this "Luis"? A sad, sallow and bloated character that frightens and, in its helplessness, also touches us? A scarred glob distorted to a caricature? Or simply a failed specimen of a human being whom we look down on with derision? Luis is a contemporary *homo sacer* – even if he is in agony and a bit creepy. Yet, as drastic as he appears, Luis is an allegory in which repulsion, disgust and compassion are condensed, as is terror of the maltreated and misshapen.

In Spain, naturalistically painted sculptures with expressive physiognomies form a traditional part of religious processions. Enrique Marty's sculptures are also related to the historical depictions of men of sorrow and the Baroque sculptures of a Pedro de Mena. Yet one thing has changed: Both veneration and monstrosity have left the sphere of the sacred. As a memento, the *monstrum* no longer points along the right path. What makes Luis a monster is our inability to distinguish between sorrow and ludicrousness. It seems as if we can only fend off horror and its figures by masking and ridiculing them. Luis, however, has shed all masks, all civility and all shame along with his clothes. He hides nothing. He thus turns into an attack on the liberal double standards entrenched behind cleaned-up media images that make the body as a political forum disappear. Luis simply stands before us, he is just there. He's telling us that nothing is harmless anymore. We are all Luis. *Ecce homo*.

Thomas Wagner

[1] Franz Kafka, *Dearest Father*, trans. Ernest Kaiser and Eithne Wilkins. New York: Schocken, 1954, p. 41.

Prof. Thomas Wagner (born 1955) studied Philosophy and German Language and Literature in Heidelberg and Brighton (Sussex) and was from 2002 an editorial director at the feuilleton of Frankfurter Allgemeine Zeitung. Currently he works as a freelance author for both "art" magazine and FAZ and is Honorary Professor of Art History at the Academy of Fine Arts in Nuremberg.

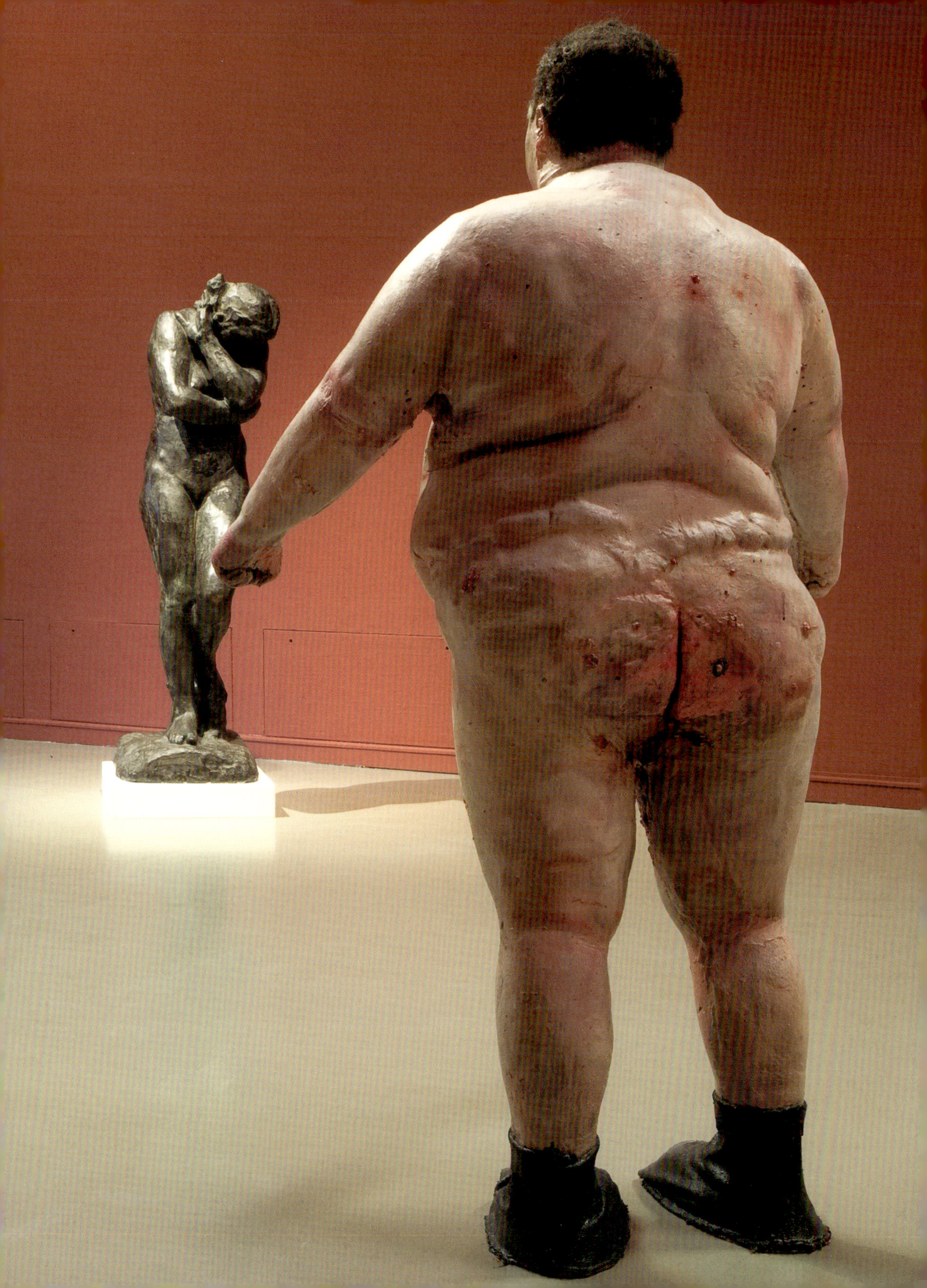

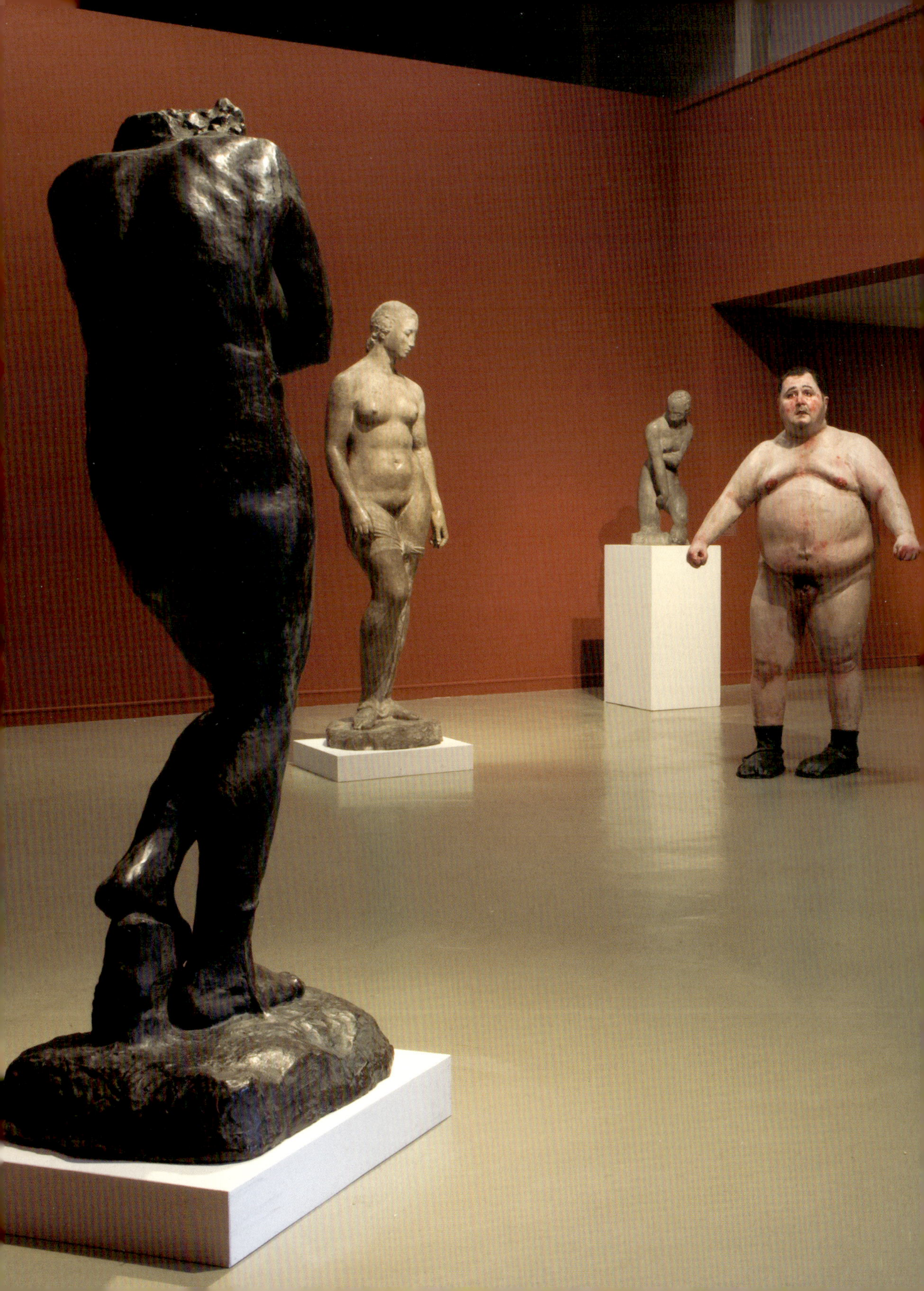

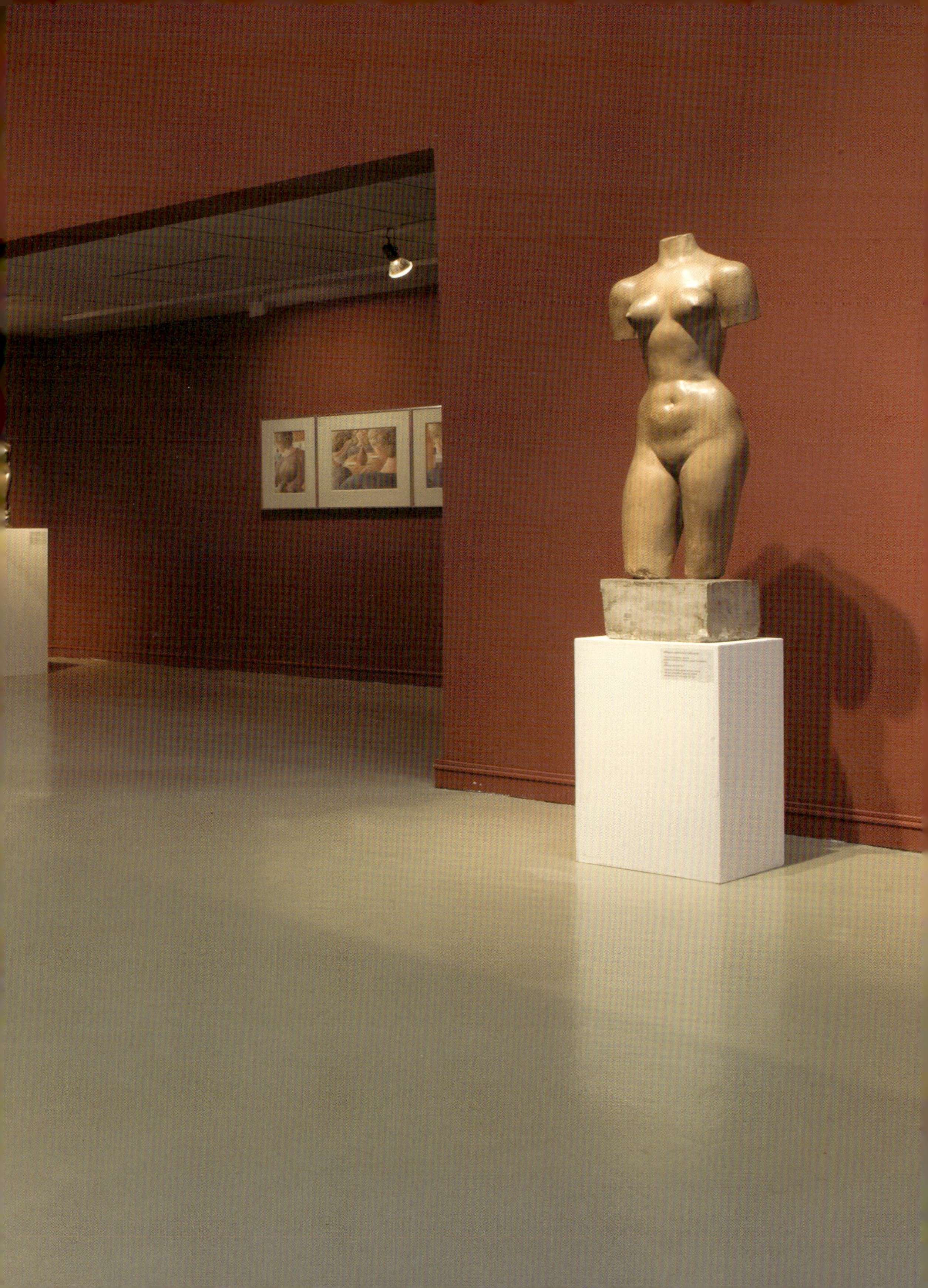

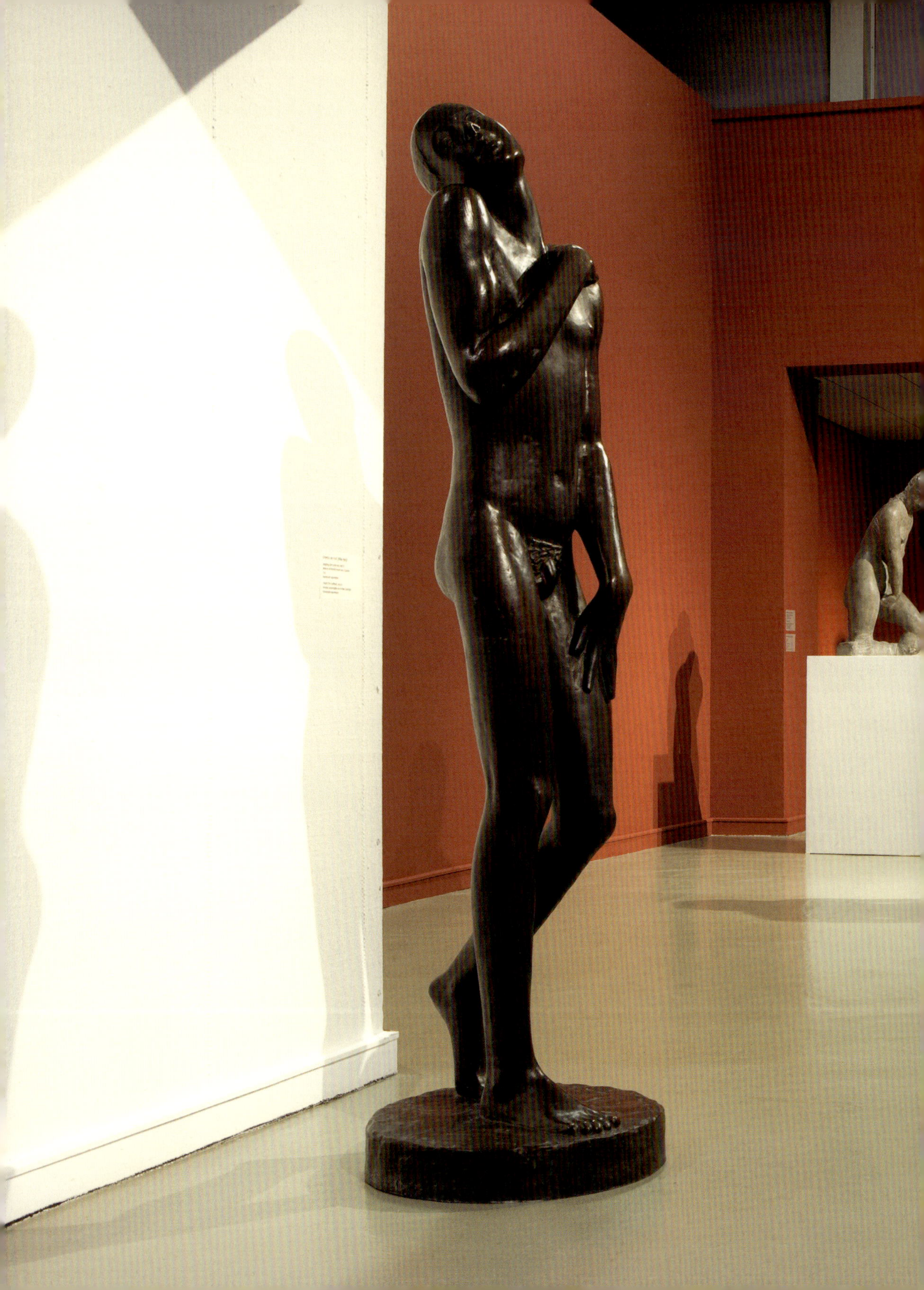

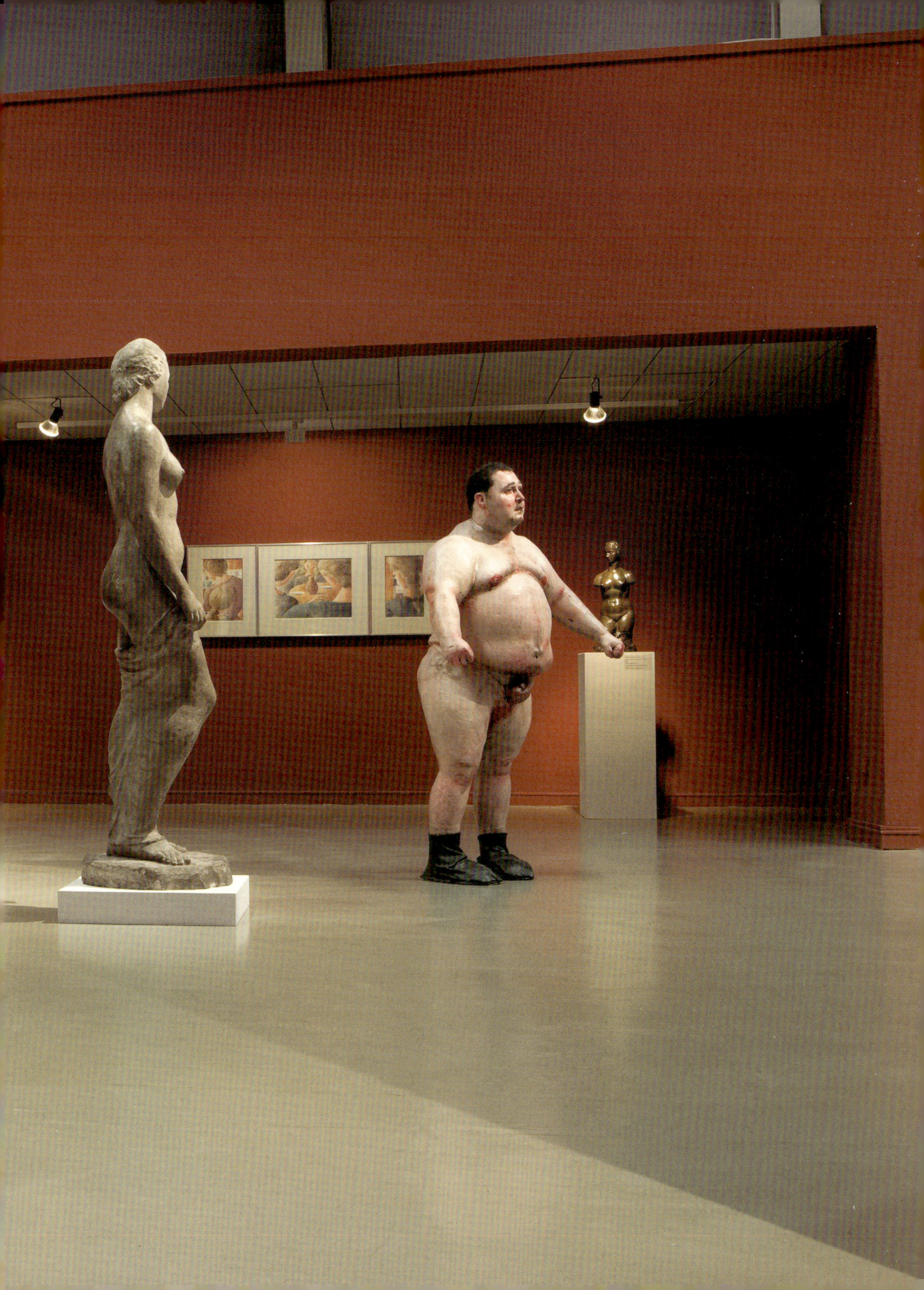

ÜBER ENRIQUE MARTY

Auf den ersten Blick wird mancher das Werk von Enrique Marty vielleicht als sensationslüstern abstempeln; oder ihm unterschieben, er wolle dem Besucher schlichtweg einen Schreck einjagen. Ich erinnere mich noch gut daran, wie die Techniker bei den Vorbereitungen für Martys Ausstellung in Den Haag im GEM, Museum für zeitgenössische Kunst, eine der Transportkisten öffneten und dabei zu Tode erschraken. Über den Inhalt hatte ich sie vorab nicht informiert. Beim Öffnen des Deckels wurden sie mit einer von Martys „Nephew"-Plastiken konfrontiert. Die betreffende Arbeit lässt sich wohl am besten als sehr realistische, dreidimensionale Darstellung eines Kindes beschreiben: nicht in der Blüte des Lebens, sondern als am Boden liegendes Opfer mit zerfetzten Kleidern, Wunden und Blut. Durch die vielen schockierenden Bilder, die wir täglich in den Fernsehnachrichten sehen, ist uns der Anblick der Opfer von Katastrophen und Verbrechen durchaus vertraut. Plötzlich jedoch einer realistischen Darstellung davon unmittelbar gegenüberzustehen, ist etwas ganz anderes. Als ich diese Plastik auf der direkten Route durch die Ausstellung platzierte, war ich daher um die jugendlichen Museumsbesucher durchaus besorgt. Doch meine Befürchtungen waren unbegründet. Tatsächlich klagte kaum jemand über eine kinderunfreundliche Ausstellung. Denn wer besser hinschaut und erkennt, in welchem Kontext Marty seine Werke präsentiert, entdeckt den Humor und die Leichtigkeit, die er mit frischer Farbgebung und theatralischer Übertreibung erzielt. Diese Spannung zwischen Form und Inhalt spielt eine entscheidende Rolle in Martys Werk. Damit weiß er die Besucher für sich zu gewinnen und lädt sie zu einer eindringlichen Totalerfahrung ein, in der Realität und Fiktion miteinander verwoben sind und seine persönliche Erlebniswelt mitunter plötzlich universell zu gelten scheint. Martys Animationsfilm *Duell* betrachte ich noch immer als Höhepunkt seiner Arbeit. Dieser Film besteht aus mehr als 1200 Aquarellen, die der Künstler in einem schöpferischen Schub ohne Unterbrechung innerhalb von nur einem Tag und einer Nacht erschuf. Der Film konfrontiert uns mit einem Kampf zwischen den Eltern des Künstlers, der auf eine wahre Schießerei hinausläuft. In einem Film mit realen Schauspielern wäre diese Situation grauenvoll, aber die Aneinanderreihung von Aquarellen verleiht Martys Film etwas nahezu Poetisches sowie eine tiefere Bedeutung, die hängen bleibt.

Doede Hardeman

Doede Hardeman (geboren 1980) studierte Kunstgeschichte in Groningen und Utrecht und ist seit 2006 Kurator für moderne und zeitgenössische Kunst am Gemeentemuseum in Den Haag.

ABOUT ENRIQUE MARTY

Some people may initially reject Enrique Marty's work out of hand, feeling it is sensation-seeking or designed simply to shock. I well remember how shaken the technicians were when they opened one of the crates of his work in the lead-up to his show at the GEM museum of contemporary art in The Hague. I had failed to warn them about its contents and, on lifting the lid, they were confronted with one of Marty's "nephew" sculptures. The work concerned can perhaps best be described as a highly realistic three-dimensional representation of a child. Not a child in the bloom of life, but a child casualty, sprawled on the ground in torn clothing, wounded and bloody. The many shocking images brought to us daily on our TV news programmes have inured us to images of disaster and crime victims. But it's a different thing suddenly to find yourself face to face with a realistic three-dimensional representation of one. So, when I positioned that particular sculpture where every exhibition visitor was bound to see it, I was a bit worried about its effect on children visiting the museum. However, my fears proved groundless. There were actually very few complaints about the exhibition's possible effect on children. Because a closer look at Marty's work and consideration of the context in which he exhibits it reveal the humor and lightness of touch he manages to achieve through his lively palette and theatricality. This tension between style and content plays a major role in Marty's work. It enables him to win viewers over and engage them in a radical all-round experience in which reality and fiction interweave and the world of his personal imagination sometimes proves to be surprisingly universal. Marty's animation film *Duel* still seems to me to be a high point of his career. The film is constructed from over 1200 watercolours produced by the artist in a non-stop spate of creativity within the space of a single day and night. It shows a fight between the artist's parents, ending in an actual shoot-out. In a film with real actors this would be an appalling situation, but the use of watercolours to tell the story makes the film almost poetic and gives it a deeper significance that lingers in the mind.

Doede Hardeman

Doede Hardeman (born 1980) studied Art History in Groningen and Utrecht and is curator for modern and contemporary art at the Gemeentemuseum in The Hague.

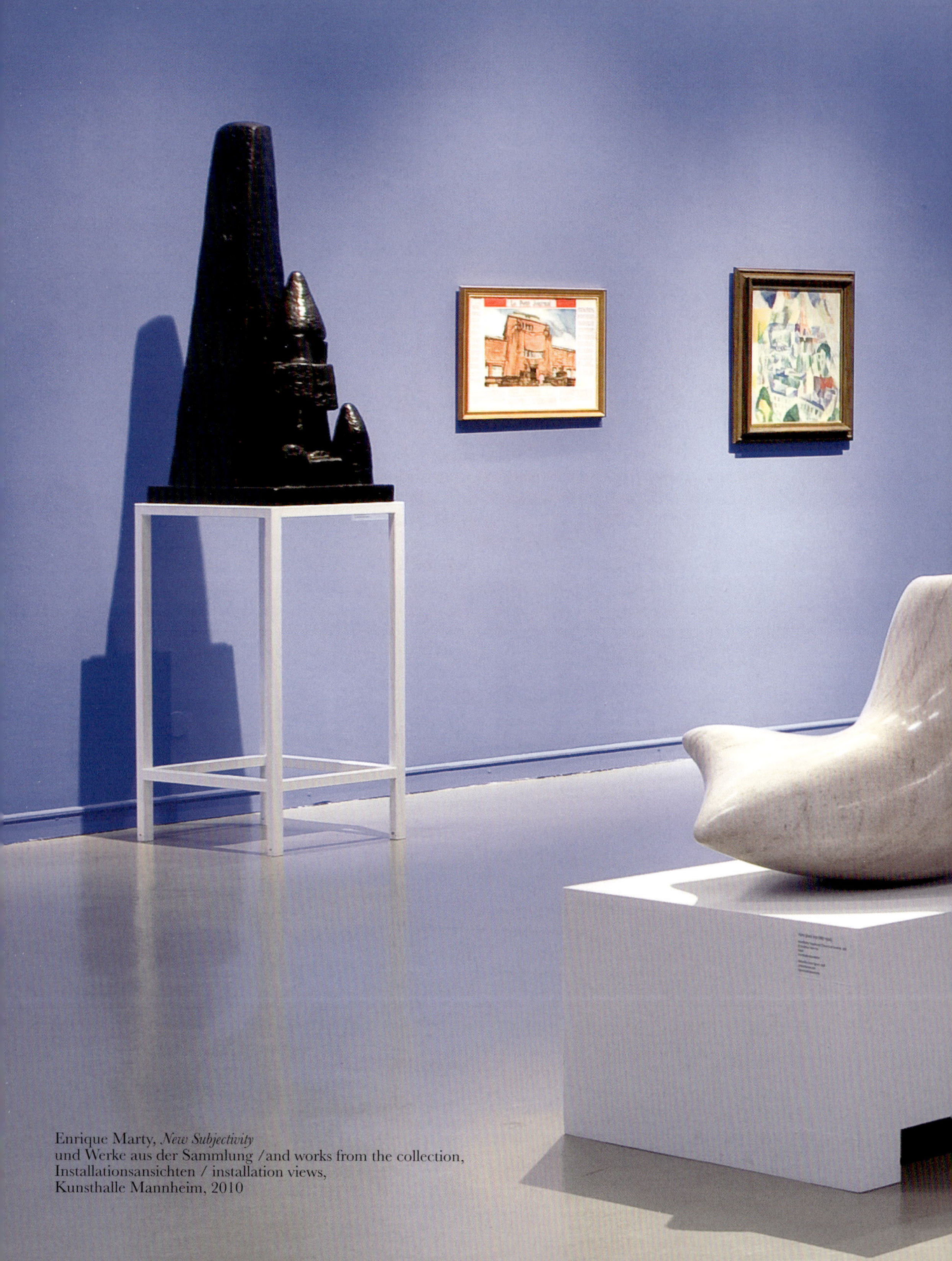

Enrique Marty, *New Subjectivity*
und Werke aus der Sammlung /and works from the collection,
Installationsansichten / installation views,
Kunsthalle Mannheim, 2010

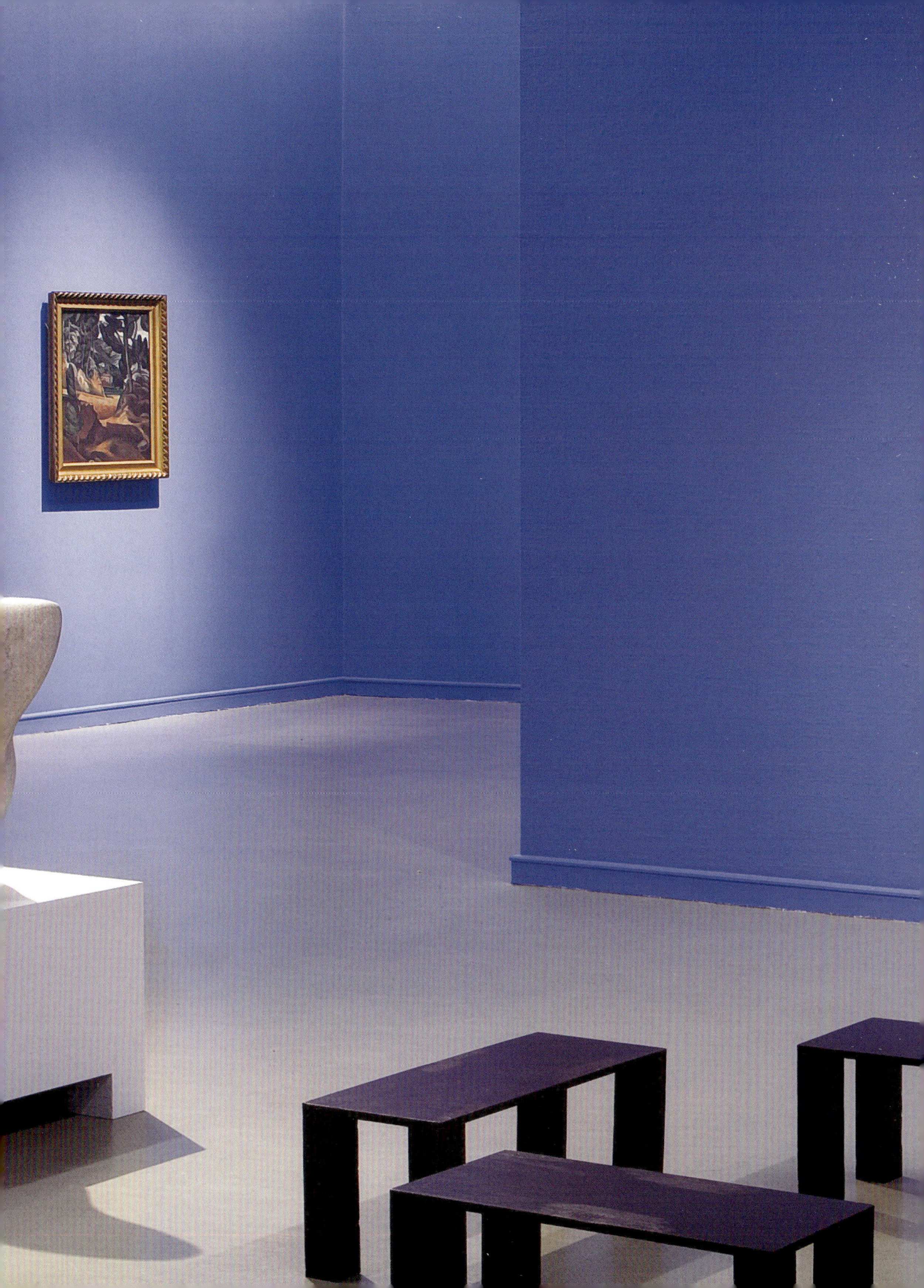

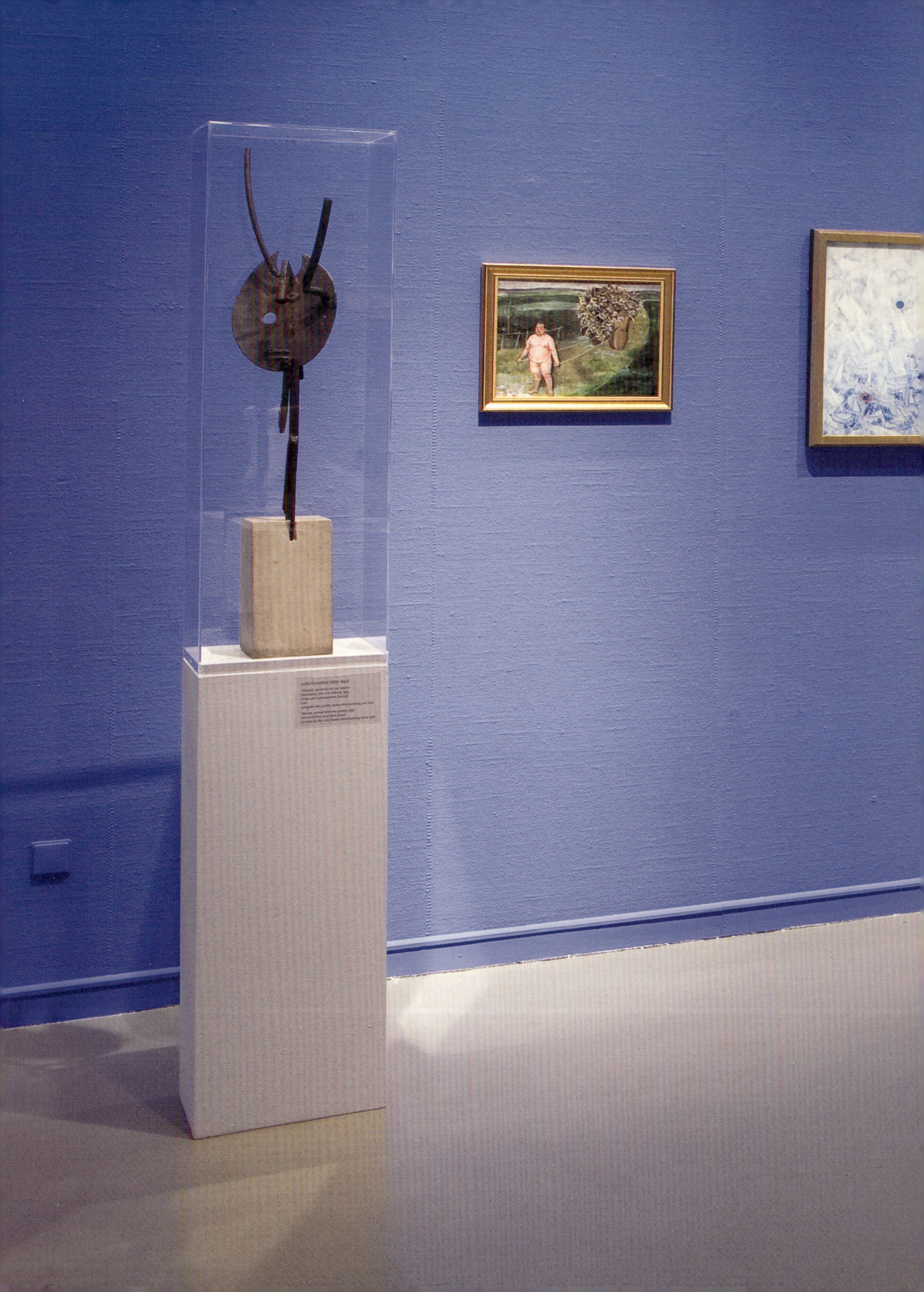

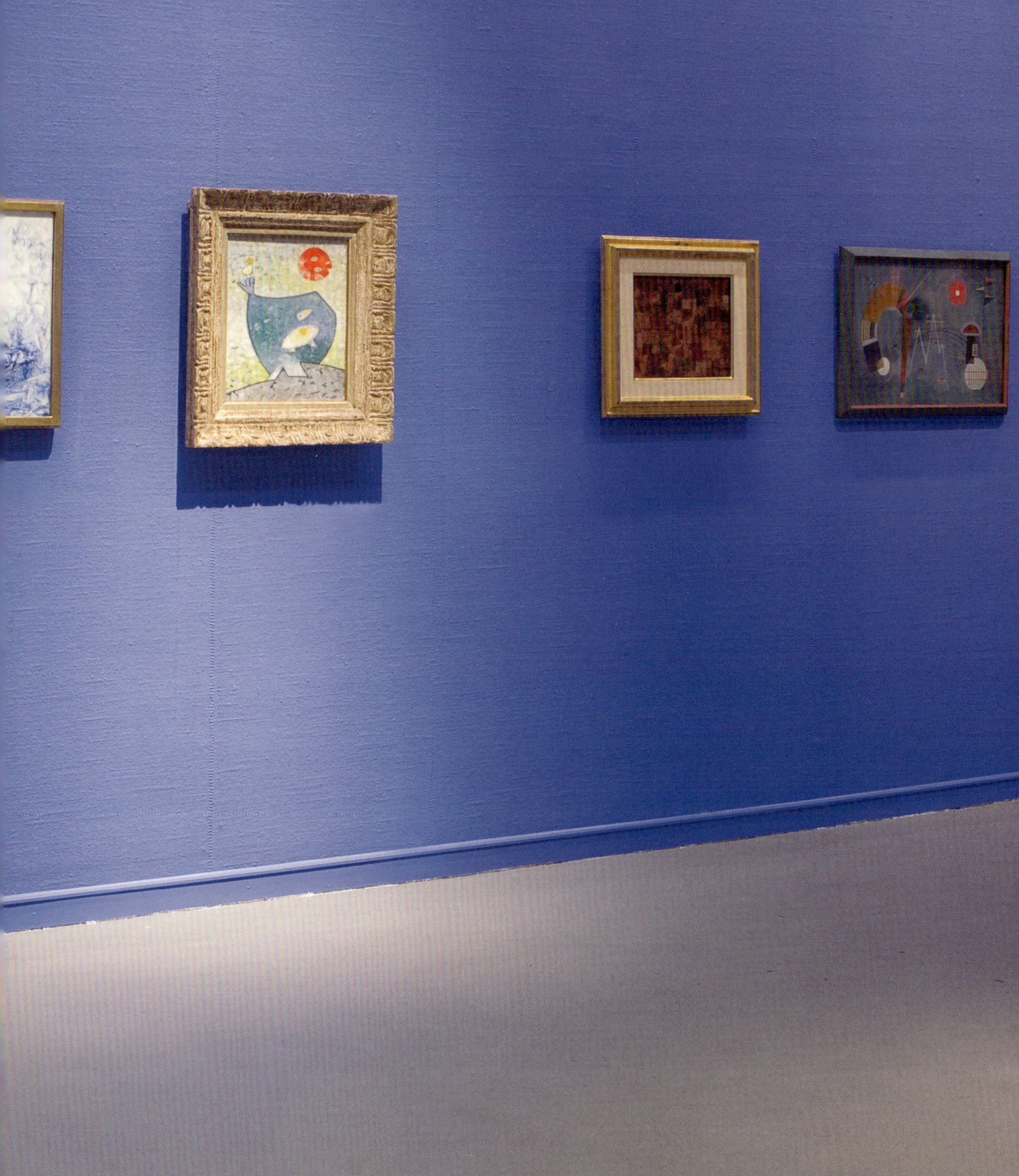

Enrique Marty, *Sack of Bones*
und Werke aus der Sammlung / and works from the collection,
Installationsansichten / installation views,
Kunsthalle Mannheim, 2010

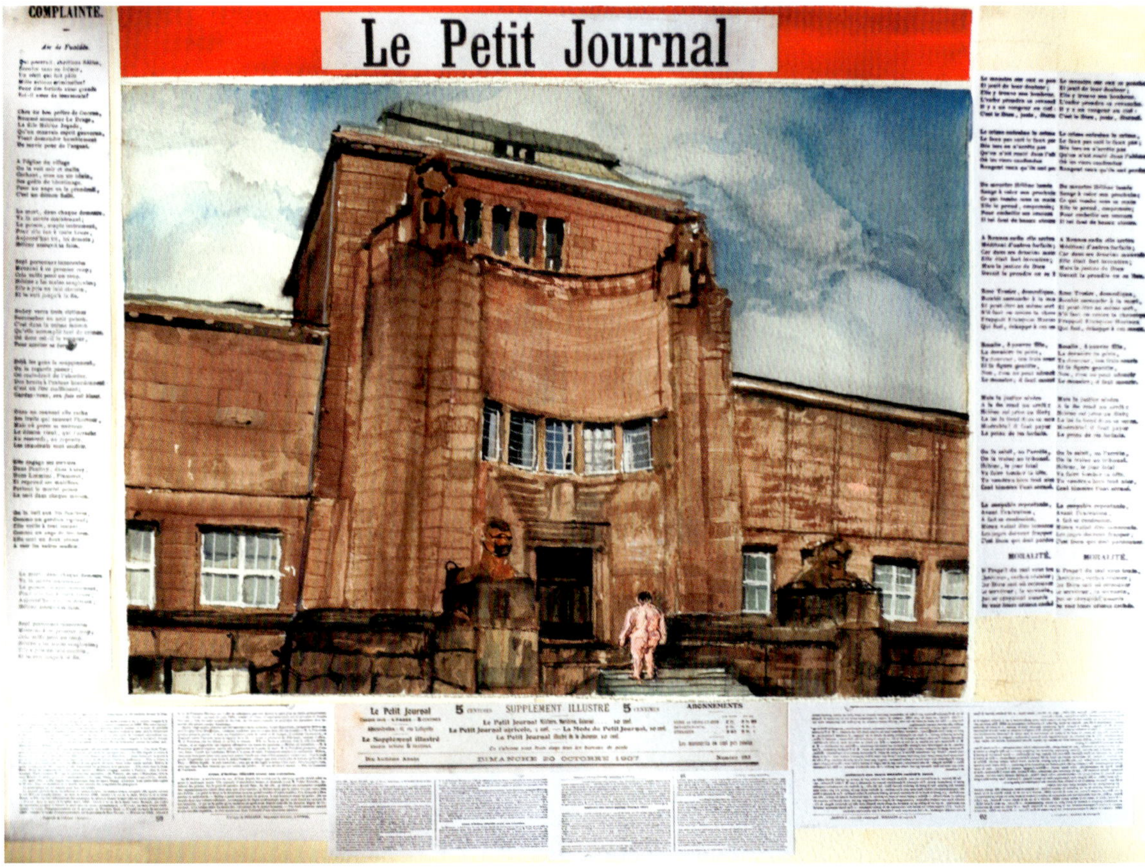

Le Petit Journal

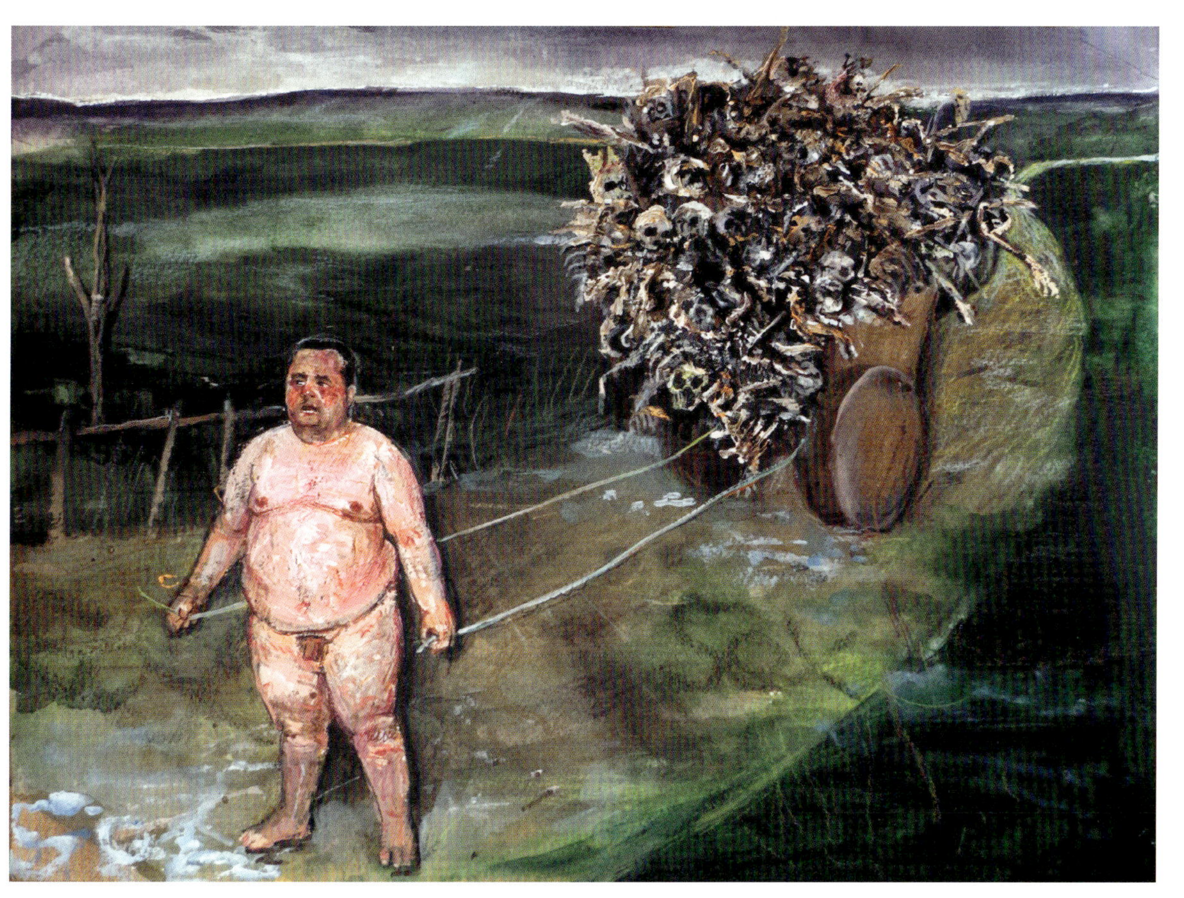

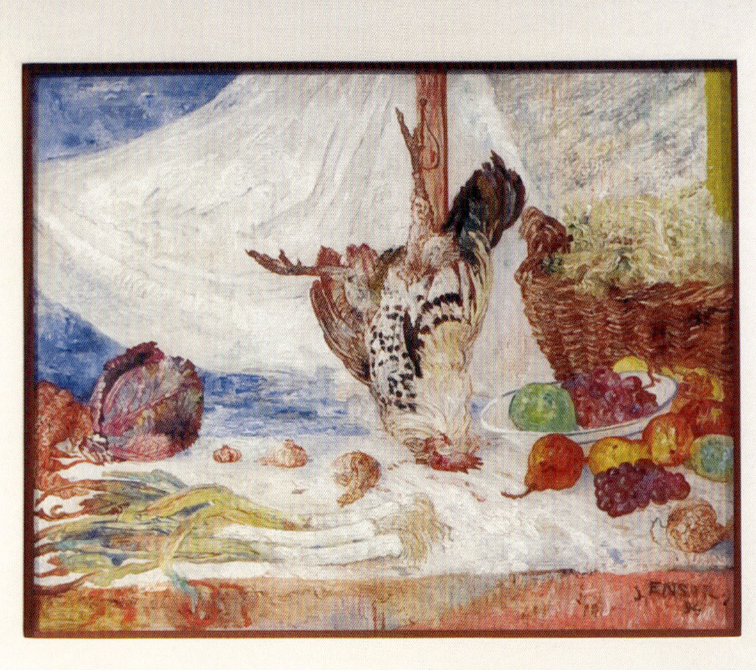

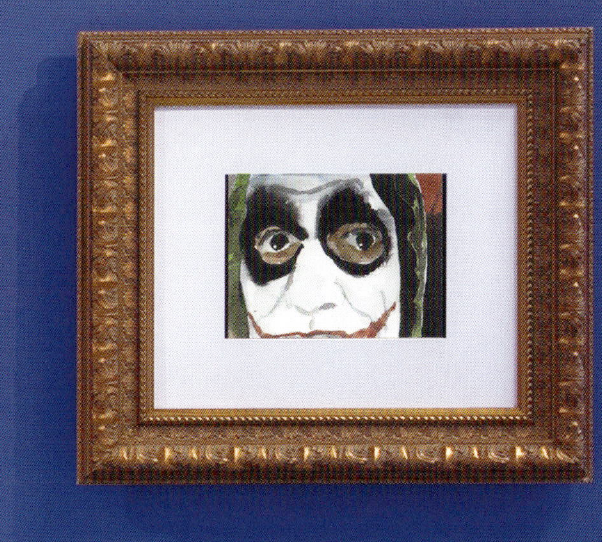

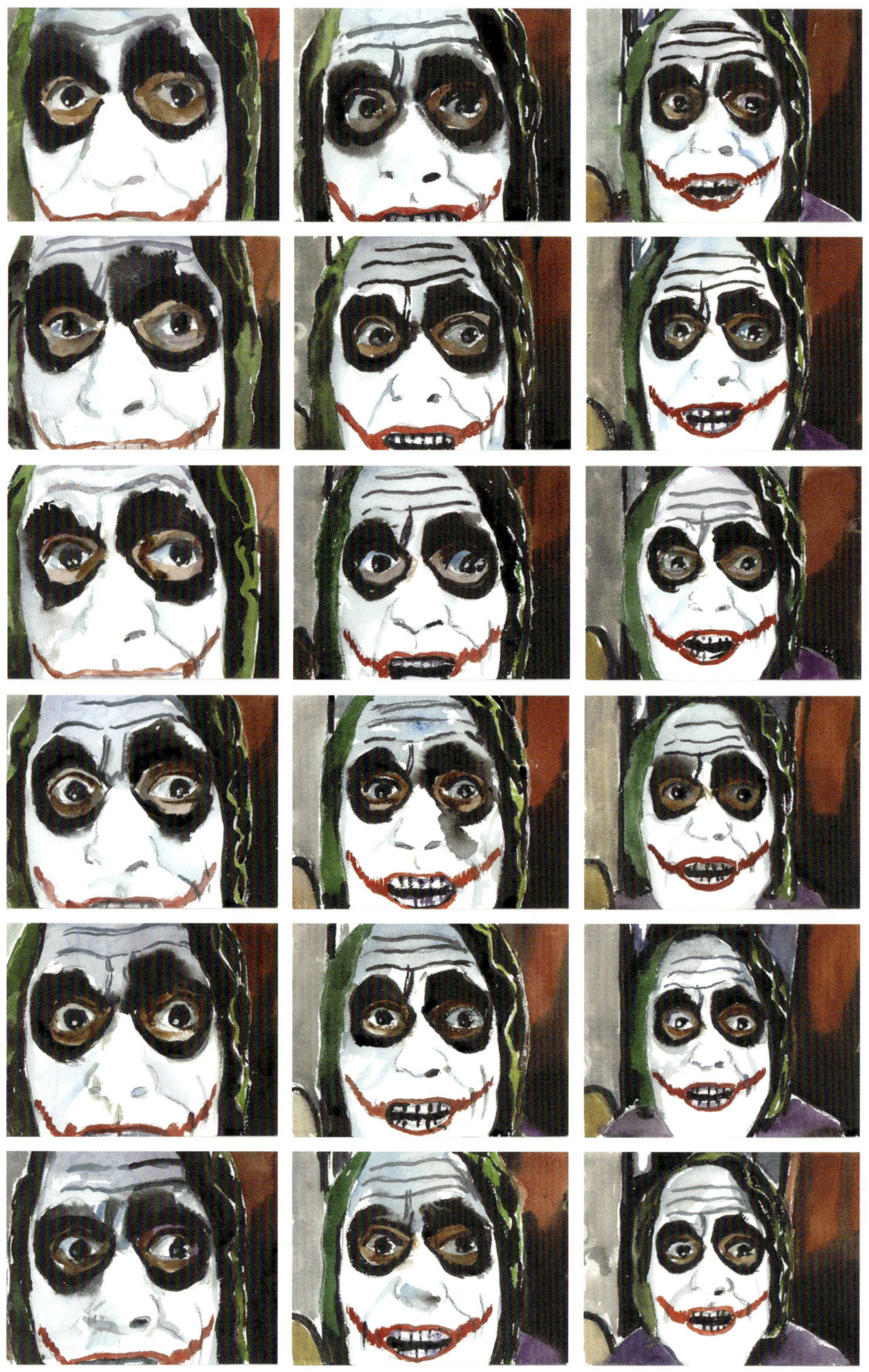

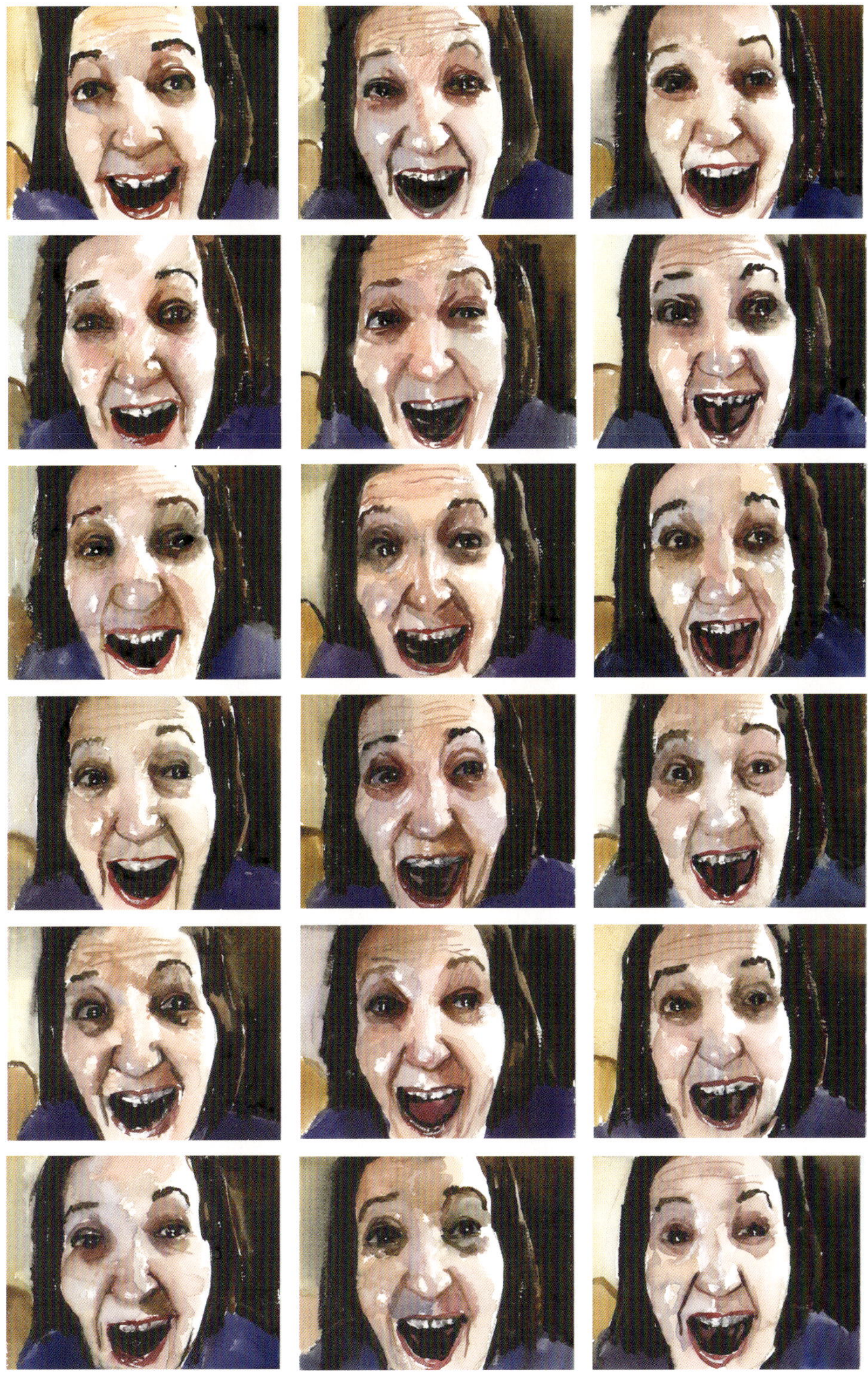

WERKINDEX / INDEX OF WORKS

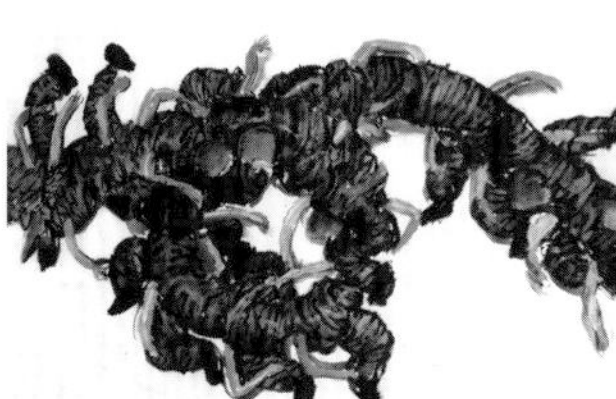

Enrique Marty
80 Fanatics (Entwurfszeichnungen
für Wandmalerei / sketches for wall
painting), 2010
Wasserfarben auf Papier /
watercolors on paper
Jedes Blatt / each sheet 36 x 51 cm

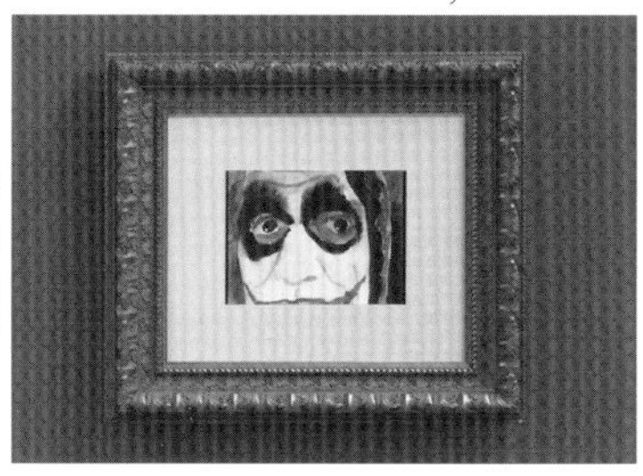

Enrique Marty
The Birth of tragedy II, 2009
Video, Farbe/Ton, 6:08 Min. /
color/sound, 6.08 min.

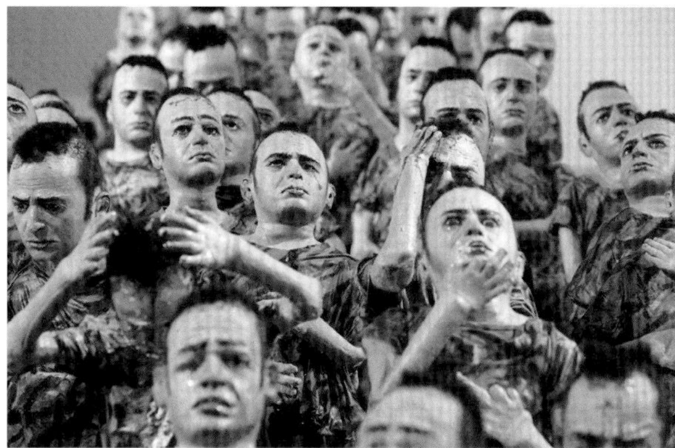

Enrique Marty
80 Fanatics, 2010
Öl- und Acrylfarbe, Latex,
Polyurethan, menschliches Haar
und Stoff / oil paint, acrylic, latex,
polyurethane, human hair, and fabric
Installation mit 80 Skulpturen /
installation with 80 sculptures,
Höhe/ height 90 cm;
Courtesy DEWEER gallery, Otegem,
Belgien/Belgium und/and Özil
Collection, Istanbul, Türkei/Turkey

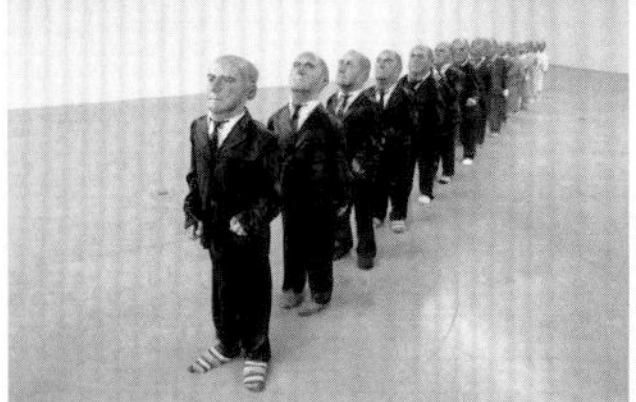

Enrique Marty
15 Fathers, 2008
Ölfarbe, Latex, Polyurethan,
menschliches Haar und Stoff /
oil paint, latex, polyurethane,
human hair, and fabric
Installation mit 15 Skulpturen /
installation with 15 sculptures,
Höhe/height 83-137 cm

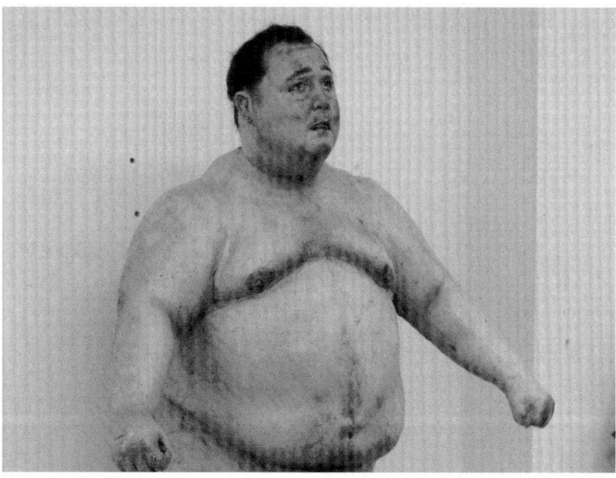

Enrique Marty
Luis, 2010
Öl- und Acrylfarbe, Latex,
Polyurethan, menschliches Haar
und Stoff / oil paint, acrylic,
latex, polyurethane, human hair,
and fabric, 175 x 120 x 90 cm

Enrique Marty
Nephew series, 2008
Installationsansicht/installation view,
GEM/Gemeentemuseum, Den Haag,
Niederlande / The Hague, The
Netherlands

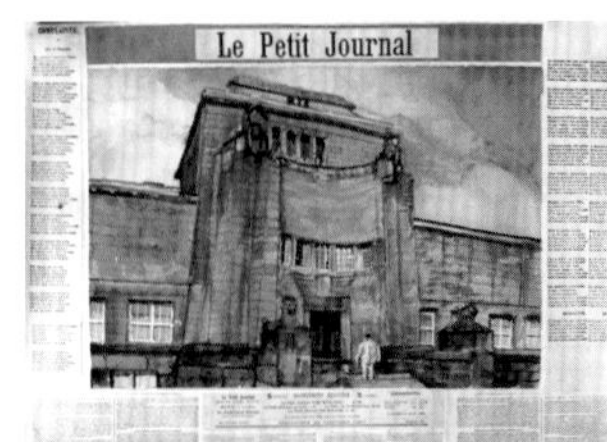

Enrique Marty
New Subjectivity, 2010
Wasserfarben auf Papier /
watercolors on paper,
42 x 56 cm

James Ensor
Stilleben mit Hahn, 1894
Öl auf Leinwand / oil on canvas, 80 x 100 cm
Sammlung/collection Kunsthalle Mannheim

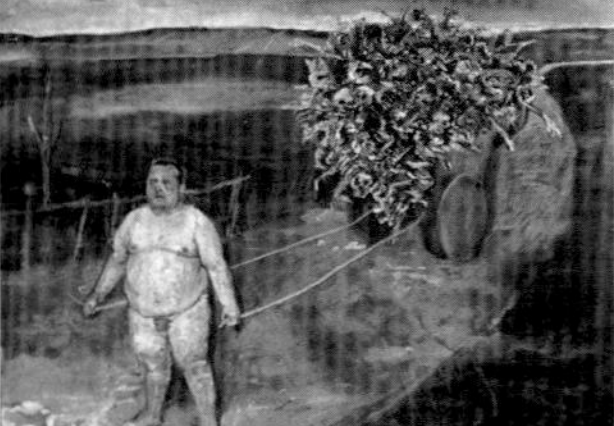

Enrique Marty
Sack of Bones, 2010
Wasserfarben auf Papier /
watercolors on paper,
31 x 41 cm

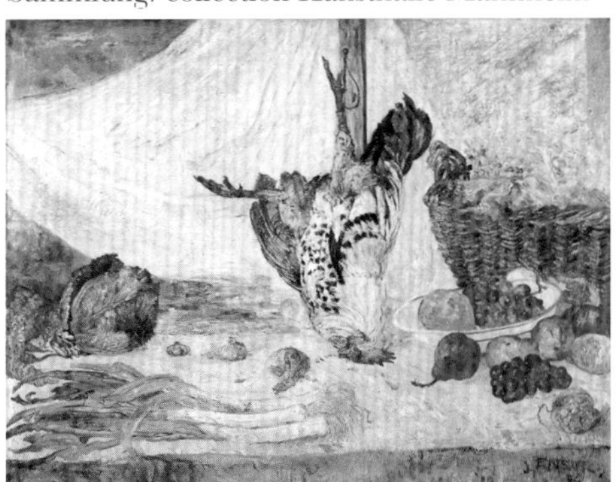

Enrique Marty
The Birth of tragedy II, 2009
Wasserfarben auf Papier /
watercolors on paper
Jedes Blatt / each sheet
18.5 x 15 cm

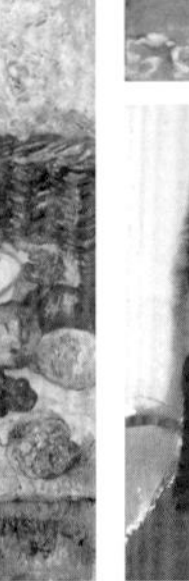

Ernesto de Fiori
Jüngling (Der Leidende), 1911/12
Bronze/bronze,
183 x 49.5 x 49.5 cm
Sammlung/collection
Kunsthalle Mannheim

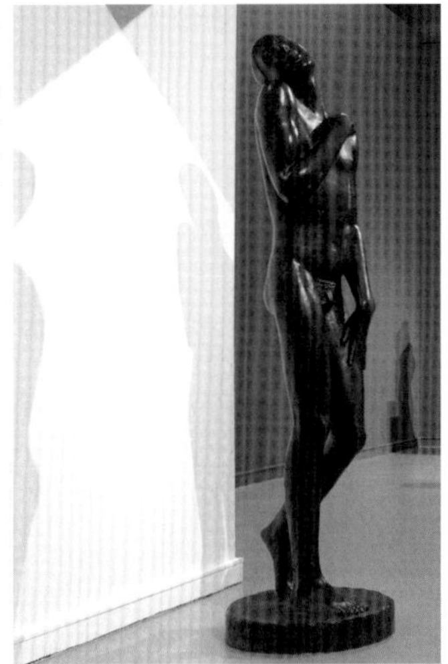

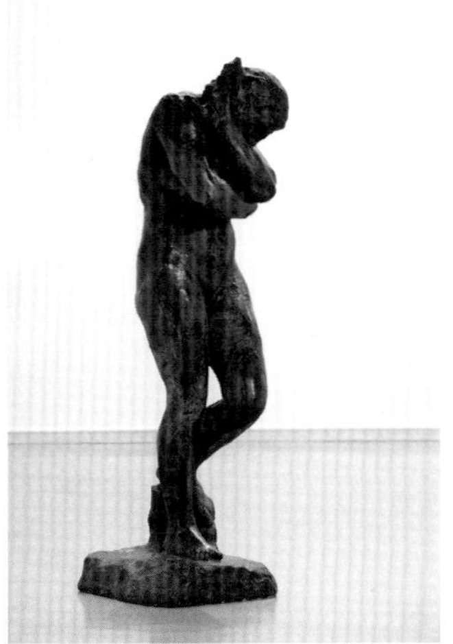

Auguste Rodin
Eva, um/about 1881
Bronze/bronze, 174 x 54.5 x 60 cm
Sammlung/collection Kunsthalle Mannheim

Für alle Arbeiten / For all works by Enrique Marty:
Courtesy DEWEER gallery, Otegem, Belgien/Belgium und/and der Künstler / the artist

Alle anderen Schwarz-Weiß-Abbildungen im Katalog sind Quellenmaterial von Enrique Marty oder
Schnappschüsse, die in seinem Atelier in Salamanca entstanden sind. / All other black-and-white images
reproduced in the catalog are documentations from Enrique Marty or snapshots taken in his studio in Salamanca.

BIOGRAFIE / BIOGRAPHY
ENRIQUE MARTY

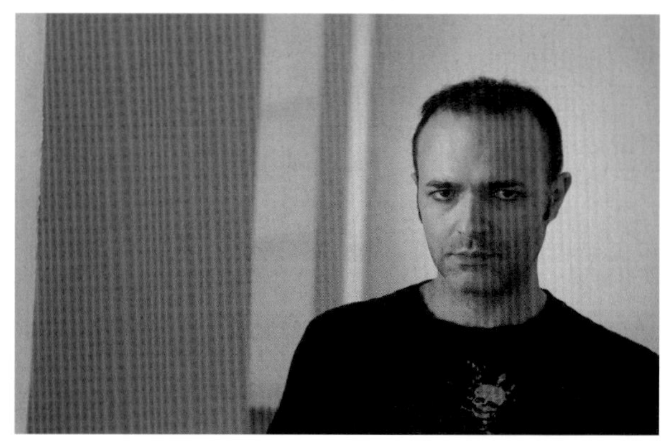

1969
geboren / born in Salamanca, Spanien/Spain

1992
Abschluss des Kunststudiums an der Universität
Salamanca / graduated in Art at Salamanca
University

lebt und arbeitet / lives and works in Salamanca

Einzelausstellungen (Auswahl)
Solo exhibitions (selection)

2010
Premiere_1: ENRIQUE MARTY, Kunsthalle
Mannheim, Deutschland/Germany
Sainte Guillotine, DEWEER gallery, Otegem,
Belgien/Belgium
Ghost's Spirit, One and J Gallery, Seoul,
Südkorea / South Korea

2008
Enrique Marty: Watercolours, GEM /
Gemeentemuseum, Den Haag / The Hague,
Niederlande / The Netherlands
Duelo, Centro Cultural Bastero Kulturgunea,
Andoain (Gipuzkoa), Spanien/Spain
Enrique Marty: just one bad idea after another,
K4 Galerie, München/Munich, Deutschland/
Germany

2007
Una mosca en el Parabrisas, Galeria Marzana,
Bilbao, Spanien/Spain
Club matadero: Site specific work, Benavides,
MUSAC, León, Spanien/Spain
Ghostdickyoutube, Galeria Llucia Homs,
Barcelona, Spanien/Spain

2006
Nephew, Artspace Witzenhausen, Amsterdam,
Niederlande / The Netherlands
Calle Apocalipstick, Galería Espacio Mínimo,
Madrid, Spanien/Spain
Aim at the brood!, DEWEER gallery, Otegem,
Belgien/Belgium
Iglesia Verónicas, Murcia, Spanien/Spain
Smells like dry blood, Galería Arcaute Arte
Contemporáneo, Monterrey, Mexiko/Mexico

2005
Lebensborn, Galeria Lluciá Homs, Barcelona,
Spanien/Spain
Hotel Médula, Museo de Arte Contemporaneo,
Querétaro, Mexiko/Mexico
Flaschengeist: La caseta del alemán, MUSAC,
León, Spanien/Spain

2004
The Perfect Kiss, Bryce Wolkowitz Gallery,
New York, USA
Hotel Médula, Galería Enrique Guerrero,
Mexiko Stadt / Mexico City, und/and Museo
de Arte Contemporaneo de Oaxaca (MACO),
Oaxaca, Mexiko/Mexico

2003
Fantasmas, Casa de America, Madrid,
Spanien/Spain
Búnker, Espai Quatre, Casal Solleric, Palma de
Mallorca, Spanien/Spain
Father, Art Chicago (Project Space), Galería
Espacio Mínimo, Chicago, USA

2002
Fourteen Mothers, Greenaway Art Gallery,
Adelaide, Australien/Australia
Velo de novia, Sala Carlos III, Universidad
Publica de Navarra, Pamplona, Spanien/Spain

Chicas y Fantasmas, A.E.C.I. Buenos Aires,
Argentinien/Argentina

2001
Beds and Wardrobes, Galleria Guido
Carbone, Turin, Italien/Italy

2000
La familia, Espacio Uno, Museo Nacional
Centro de Arte Reina Sofía, Madrid,
Spanien/Spain

1999
La Casa feliz, Galeria Casa Triangulo, São
Paulo, Brasilien/Brazil

**Gruppenausstellungen (Auswahl) /
Group exhibitions (selection)**

2010
Hareng Saur: Ensor en de hedendaagse
kunst, SMAK, Gent/Ghent, Belgien/
Belgium
The Valkhof Experience, Het Valkhof
Museum, Nimwegen/Nijmegen,
Niederlande / The Netherlands
El Angel Exterminador, BOZAR, Brüssel/
Brussels, Belgien/Belgium
Atopia: Art I ciutat al segle XXI, CCCB,
Barcelona, Spanien/Spain
Cine de Barrio, Las Veladas de Santa Lucia,
Maracaibo, Venezuela
A piel de Cama, Sala Parpalló, Valencia,
Spanien/Spain
Polimorfo(s) Perverso(s), Galería Fernando
Pradilla, Madrid, Spanien/Spain

2009
Huespéd, Colección Musac en el MNBA,
Museo Nacional de Bellas Artes, Buenos
Aires, Argentinien/Argentina
Mi vida: From Heaven to Hell, Mücsarnok
Kunsthalle, Budapest, Ungarn/Hungary
Entre Paréntesis, MACO, Oaxaca, Mexiko/
Mexico
PERIFÈRIES 09, Valencia, Spanien/Spain
Roman du lievre: Marginalia, MTS Gallery,

Anchorage, USA
Faraway… so close, Museo Nacional de Soares dos Reis, Oporto, Portugal
Qué es lo que hace a los espejismos de hoy tan diferentes, tan atractivos, Factoria Compostela, Santiago de Compostela, Spanien/Spain

2008
Rock my Religion, Da2, Salamanca, Spanien/Spain
No Más Heroes, ARTIUM, Vitoria, Spanien/Spain
Todo lo que ame formaba parte de ti, Cervantes Institute, Dublin, Irland/Ireland
El Discreto Encanto de la Tecnologia / Der diskrete Charme der Technologie, MEIAC, Badajoz, Spanien/Spain und/and ZKM, Karlsruhe, Deutschland/Germany
Spain: 1957-2007, Palazzo Sant´Elia, Palermo, Italien/Italy
L´Art en Europe, Domaine Pommery, Reims, Frankreich/France
Esculturismo, Comunidad de Madrid, Madrid, Spanien/Spain

2007
Où? Scènes Du Sud, Carré Dárt, Nîmes, Frankreich/France
Black in Black, Oktogon, Hochschule der Bildenden Künste, Dresden, Deutschland/Germany
Barely Human, The Agency Gallery, London, Großbritannien/UK
Meatdistrict, MAMA, Rotterdam, Niederlande / The Netherlands
TROUBLEYN/LABORATORIUM, Antwerpen/Antwerp, Belgien/Belgium
Existencias, MUSAC, León, Spanien/Spain

2006
Family Viewing, CuratorSpace, London, Großbritannien/UK
CHECK-IN EUROPE: Reflecting Identities in Contemporary Art, Europäisches Patentamt, München/Munich, Deutschland/Germany

Cervantes Institute, Stockholm, Schweden/Sweden
Pintura Mutante, MARCO, Vigo, Spanien/Spain

2005
Irrealismos, Govett-Brewster Art Gallery, New Playmouth, Neuseeland / New Zealand
Emergencias, MUSAC, León, Spanien/Spain
Carcel de amor, Museo Reina Sofía, Madrid, Spanien/Spain
Poles Apart / Poles Together, La Biennale di Venezia – 51. Esposizione Internationale d'Arte, Venedig/Venice, Italien/Italy

Posthumous Choreography, White Box Gallery, New York, USA

2004
Irrealismos: Spanish Photomedia Now, Freemantle Art Centre, Perth, und/and Institute of Modern Art, Brisbane, Australien/Australia
El real viaje Real: El Retorno, Museo Patio Herreriano, Valladolid, Spanien/Spain
The Power of Art, Forum 2004, Barcelona, Spanien/Spain

2003
The Real Royal Trip, P.S.1 Contemporary Art Center – MoMA, New York, USA
In the shadows of summer bliss, Cirrus Gallery, Los Angeles, USA

2002
Politicas de la diferencia: Arte Latinoamericano de fin de Siglo, Museo de Arte Latinoamericano de Buenos Aires, MALBA, Buenos Aires, Argentinien/Argentina, Museo de Arte de Puerto Rico, San Juan, Puerto Rico, und/and MACSI Museo Alejandro Otero y Museo de Bellas Artes, Caracas, Venezuela
Ofelias y Ulises: Zeitgenössische spanische Kunst, Museum Küppersmühle – Sammlung Grothe, Duisburg, Deutschland/Germany
III Bienal Iberoamericana de Lima, Casa Rimac, Lima, Peru

Por(no)pulsion, Cìrculo de Bellas Artes, Madrid,
Spanien/Spain

2001
Politicas de la diferencia: Arte Latinoamericano
de fin de Siglo, Centro de Convenciones,
Pernambuco, Recife, Brasilien/Brazil
Love me tender, Sala Amadìs, Madrid,
Spanien/Spain

2000
Innocence, Aeroplastics Contemporary Galerie,
Brüssel/Brussels, Belgien/Belgium
Time in a tumbler: A blindspot show, Robert
Mann Gallery, New York, USA
I fiori del mio giardino, Orto Botanico, Lucca,
Italien/Italy

**Bühnenbilder (Auswahl) /
Stage design (selection)**

2007
Perro Muerto en la Tintoreria (Angélica
Liddell), Centro Dramático Nacional, Madrid,
Spanien/Spain

2006
Viaje al Sur (Cristina Hoyos und/and Ramón
Oller), Teatro Maestro Padilla, Almería,
Spanien/Spain

2005
María de Buenos Aires (Astor Piazzola), Teatro
Torrent, Valencia, Spanien/Spain,
unter der Regie von / directed by José Carlos
Plaza

2004
La Dolores (Tom´s Bretûn), Teatro Real,
Madrid, unter der Regie von / directed
by José Carlos Plaza

2003
Goyescas (Enrique Granados) / San Antonio
de la Florida (Isaac Albéniz), Teatro de la
Zarzuela, Madrid, Spanien/Spain, unter der
Regie von / directed by José Carlos Plaza

2002
El Amor brujo / La vida breve (Manuel de
Falla), Palacio de Congresos, La Coruóa,
Spanien/Spain, unter der Regie von /
directed by José Carlos Plaza
Le nozze di Figaro (W. A. Mozart), Teatro
Borgatti, Cento, Italien/Italy

2001
Johannes-Passion (J. S. Bach), Teatro Regio,
Turin, Italien/Italy, unter der Regie von /
directed by José Carlos Plaza

2000
Die Teufel von Loudun (Krysztof
Penderecki), Teatro Regio, Turin, Italien/
Italy, unter der Regie von / directed
by José Carlos Plaza

IMPRESSUM / COLOPHON

Dieser Katalog erscheint anlässlich der Ausstellung
This catalog is published to accompany the exhibition

Premiere_1: ENRIQUE MARTY
27. November 2010 – 20. Februar 2011 / 27 November 2010 – 20 February 2011
Kunsthalle Mannheim

Herausgeber / Editor
Ulrike Lorenz

Redaktion / Editorial Staff
Stefanie Müller

Übersetzungen / Translations
Karl Hoffmann, Berlin

Lektorat / Copy Editing
Deutsch / German: Sunita Scheffel, Berlin
Englisch / English: Christopher Cordy, Berlin

Projektmanagement Kerber Verlag / Project Management Kerber Verlag
Katrin Günther

Gestaltung / Design
Dries Verstraete, Gent / Ghent

Die Deutsche Nationalbibliothek verzeichnet diese Publikation in der Deutschen
Nationalbibliografie; detaillierte bibliografische Daten sind im Internet über http://dnb.d-nb.de
abrufbar.
The Deutsche Nationalbibliothek lists this publication in the Deutsche Nationalbibliografie;
detailed bibliographic data are available in the Internet at http://dnb.d-nb.de.

Gesamtherstellung und Vertrieb / Printed and published by
Kerber Verlag, Bielefeld
Windelsbleicher Str. 166–170
33659 Bielefeld
Germany
Tel. +49 (0) 5 21/9 50 08-10
Fax +49 (0) 5 21/9 50 08-88
info@kerberverlag.com
www.kerberverlag.com

Kerber, US Distribution
D.A.P., Distributed Art Publishers, Inc.
155 Sixth Avenue, 2nd Floor
New York, NY 10013
Tel. +1 212 6 27 19 99
Fax +1 212 6 27 94 84

Fotonachweis / Photo credits
Cem Yücetas: S./pp. 8-15, 20-23, 36-41, 49, 53-59, 62-69, 72-74.
Enrique Marty: S./pp. 18, 25-28, 30, 72.
Dries Verstraete: S./pp. 24, 28, 72.

Umschlagabbildung / Front cover illustration:
Enrique Marty, *80 Fanatics* (Detail: Entwurfszeichnung für Wandmalerei / detail: sketch for wall painting), 2010

ISBN 978-3-86678-477-2

Printed in Germany

Premiere_1: ENRIQUE MARTY

Kunsthalle Mannheim
Friedrichsplatz 4
68165 Mannheim
Deutschland/Germany
www.kunsthalle-mannheim.de

Direktorin / Director
Ulrike Lorenz

Kuratorin / Curator
Stefanie Müller

Restauratorinnen / Conservators
Petra Neff / Katrin Radermacher

Registrarin / Registrar
Selini Andres

Presse- und Öffentlichkeitsarbeit / Press Office
Birgit Scheidecker / Sascha Klein

Kunstvermittlung / Art Education
Dorothee Höfert

Verwaltung / Administration
Daniela Wozniak

Technischer Dienst / Technical Staff
Christian Patruno / Raimund Haberstroh / Johann Halle / André Wischnewski

Fotograf / Photographer
Cem Yücetas

Für die Unterstützung der Ausstellung danken wir
For their support of the exhibition we would like to thank
Heinrich-Vetter-Stiftung
und/and Wilhelm Müller-Stiftung